PLATTFORMÖKONOMIE

LITERATUR & FALLBEISPIEL

IMPRESSUM

Autor: Andreas Völker
Umschlagkonzept: Andreas Völker

Verlag: Independently published
ISBN: 9798594058590

Rechtlicher Hinweis: Alle Gedanken die von anderen Werken stammen wurden ordnungsgemäß zitiert. Diese Gedanken sind das Eigentum der gekennzeichneten Autoren.

Erstveröffentlichung: Februar 2021, Salzburg-Stadt

Autor

Andreas Völker setzte sich im Zuge seines Studiums an der FH Salzburg intensiv mit dem Thema Plattformökonomie auseinander. Hauptaugenmerk legte er dabei auf regionalökonomische Auswirkungen. Dieses Buch soll aufzeigen welche Auswirkungen die Plattformökonomie auf den Beherbergungssektor in der Stadt Salzburg hat.

Weiters wird versucht mit diesem Buch die wichtigsten Punkte der Forschung im Gebiet der Plattformökonomie zusammenzufassen. Dabei wurde auf eine leichtverständliche Sprache geachtet, um vielen Lesern eine Möglichkeit zu bieten, sich in das Thema auf wissenschaftlichen Niveau an zu nähern.

Aus Gründen der besseren Lesbarkeit wird auf die gleichzeitige Verwendung der männlichen und weiblichen Personenbezeichnung verzichtet. Geschlechtsneutrale Formulierungen werden angestrebt, sie sind aber nicht immer möglich. Die Verwendung der männlichen Form bedeutet keine Herabsetzung des weiblichen Geschlechts, sondern schließt die weibliche Form mit ein.

- Vorwort 1
- Einleitung 4
- Plattformökonomie 11
  - Entstehung der Plattformökonomie 13
  - Aufbau einer Plattform 16
  - Akteure in der Plattformökonomie 21
  - Performance der Plattformökonomie 24
  - Der Vorteil digitale Plattform 30
  - Netzwerkeffekte 34
  - Launch einer neuen Plattform 39
  - Bekannte Vertreter der Plattformökonomie 54
  - Zukünftiger Stellenwert 68
  - Verbindung Plattformökonomie & Sharing Economy 73
- Veränderungen durch die Plattformökonomie 78
  - Veränderungen im Konsumentenverhalten 79
  - Änderungen am Arbeitsmarkt 86
- Konflikt Airbnb & Stadt Salzburg 92
  - Wirtschaft in der Stadt Salzburg 92
  - Konflikte von Plattformen in urbanen Gebieten 94
  - Rechtliche Lage in der Stadt Salzburg 96
  - Methodisches Vorgehen der Studie 100
  - Ergebnisse der Studie 106
  - Vergleich mit Wien 112
  - Auswirkungen auf die Stadt Salzburg 113
- Conclusio 118
- LITERATURVERZEICHNIS 129
  - Internetquellen 130
- ABBILDUNGSVERZEICHNIS 132
- TABELLENVERZEICHNIS 132
- ABKÜRZUNGSVERZEICHNIS 133

VORWORT

Das im weiteren Verlauf des Buches angeführte Zitat von Tom Goodwin beschreibt die Besonderheiten von modernen Plattformunternehmen hervorragend. Kein Anlagevermögen, kein Umlaufvermögen – Nichts. Nur die Homepage oder die App verhelfen Unternehmen zu exponentiell schnellen Wachstum. Unsere Angebote sind es, die Plattformen noch attraktiver gestalten und diese noch wertvoller machen.

Im heutigen Zeitalter kommt man an dem Begriff der Plattformökonomie nicht mehr vorbei. Der größte Unterkunft-Vermittler, das größte Beförderungsunternehmen und das größte Versandhaus der Welt verstehen sich als Plattform. Diese Unternehmen sind von den Märkten nicht mehr wegzudenken und gehören zum festen Bestandteil großer Aktienfonds, gelten ihre Aktien doch als wertbeständig und zukunftsfit.

Dieses Buch basiert auf den Forschungen zu meiner Bachelorabschlussarbeit und soll dem Leser in aller

Kürze auf den aktuellen Forschungstand im Bereich der Plattformökonomie bringen. Vermutlich ist dieser Stand bereits nach Veröffentlichung nur mehr bedingt aktuell. Eines ist sicher: Plattformunternehmen entwickeln sich schnell, sehr schnell! Gestern noch der herkömmliche Onlinehändler – morgen schon die alles liefernde Plattform. Genau diese digitale Transformation ist es auch, weshalb es in diesen dynamischen Zeiten von Vorteil ist, das System der Plattformen zu verstehen.

Wie wirken sich nun Plattformen auf klassische Betriebe aus? Ist Airbnb tatsächlich ein Konkurrent für traditionelle Beherbergungsbetriebe? Welche Möglichkeiten habe ich als Nutzer in der Plattformökonomie? Was ist ein Plattformökosystem? Diese und noch viele weitere nützliche Informationen erhalten Sie im Laufe des Buches.

Lassen Sie sich auf die Reise in die Welt der Plattformökonomie ein – vielleicht ist es ein Blick in die Zukunft!

Einleitung

Plattformen können uns in unserem alltäglichen Leben unterstützen. Sie erleichtern uns das Reservieren in Restaurants (Evans, Schmalensee 2016, 7-12), nicht ausgeschöpfte Ressourcen wie freie Sitzplätze während Autofahrten können genutzt werden (Stone 2017, 82-83) und wir können uns durch plattformunterstützte Applikationen von Ort zu Ort bewegen (Parker, van Alstyne, Choudary 2017, 21-25).

Mithilfe eines bekannten Zitats von Tom Goodwin lässt sich die Besonderheit von Plattformen und deren Hauptaufgabe des Vermittelns besonders demonstrativ veranschaulichen. „Uber, the world´s largest taxi company, owns no vehicles. Facebook, the world´s most popular media owner, creates no content. Alibaba, the most valuable retailer, has no inventory. And Airbnb, the world´s largest accommodation provider, owns no real estate. Something interesting is happening." (Reillier, Reillier 2017, 1; McAfee, Brynjolfsson 2017, 6; Goodwin 2018, 10).

Durch dieses Zitat erkennt man, wo ein erster großer Vorteil von Plattform-Unternehmen liegt: Sie konzentrieren sich mit ihrem Onlinemarktplatz lediglich auf die Vermittlung von Kunden und Anbietern. Dadurch müssen sie nicht wie konventionelle Händler Zeit für die Produktrecherche sowie -entwicklung und die zusätzlichen betriebswirtschaftlichen Prozesse aufwenden, sondern können sich auf ihre Funktion als reiner Vermittler konzentrieren. Diese Hauptaufgabe der Plattformen, das Zusammenführen von Angebot und Nachfrage, findet auf einer vom Plattformanbieter betriebenen Homepage oder Applikation statt. Mithilfe dieser Plattformlösungen entstehen Synergien zwischen Plattformanbieter, Verkäufer und Kunde.

Neben diesen Vorteilen, die für Nutzer und Inhaber von Plattformen entstehen, gibt es aber auch Nachteile. Plattformen haben den starken Hang zur Disruption und können ganze Branchen verändern (McAfee, Brynjolfsson 2017, 96). Mittlerweile gibt es viele Plattformlösungen für diverse Branchen. Als Beispiele für Plattformen, die Branchen stark beeinflussen, lassen sich beispielsweise Airbnb oder Uber anführen. So stellt etwa Airbnb für die Tourismusbranche und die darin befindlichen konventionellen Beherbergungsbetriebe einen großen, stark wachsenden Konkurrenten dar. In der Branche der Personentransporteure müssen herkömmliche Taxianbieter gegen das mittlerweile weltweit größte Personenbeförderungsunternehmen Uber bestehen. Auch im Handel sind nach und nach globale Branchenriesen wie Amazon, Alibaba und Burberry entstanden. Diese großen Unternehmen organisieren sich selbst als Plattformen und verdrängen sukzessive die kleinen stationären Händler (Parker, Van Alstyne, Choudary 2017, 10-14).

In der folgenden Tabelle sind verschiedene Plattformen - sortiert nach Branchen - ersichtlich.

Tabelle 1: Branchen und deren Plattformen

Kommunikation und Networking	LinkedIn, Facebook, Google+, Twitter, Tinder, Instagramm
Finanzen	BitCoin, Kickstarter, LendingClub
Gaming	Xbox, Playstation, Nintendo
Logistik und Zustellung	Munchery, Foodpanda
Betriebssysteme	Android, IOS, Microsoft Windows
Tourismus	Airbnb, Tripadvisor

Quelle: Parker, Van Alstyne, Choudary 2017, 13

Diese Tabelle mit ein paar der bekanntesten Plattformanbieter zeigt, dass viele große Unternehmen bereits als Plattform strukturiert sind. Betrachtet man nun die Kombination aus Tabelle 1 und Abbildung 1, erkennt man, dass besonders jene Unternehmen an der Spitze, einen hohen Bezug zur Plattformökonomie vorweisen können (Google, Apple, Amazon, Microsoft, Facebook, Visa).

Abbildung 1: 10 größten Unternehmen 2019

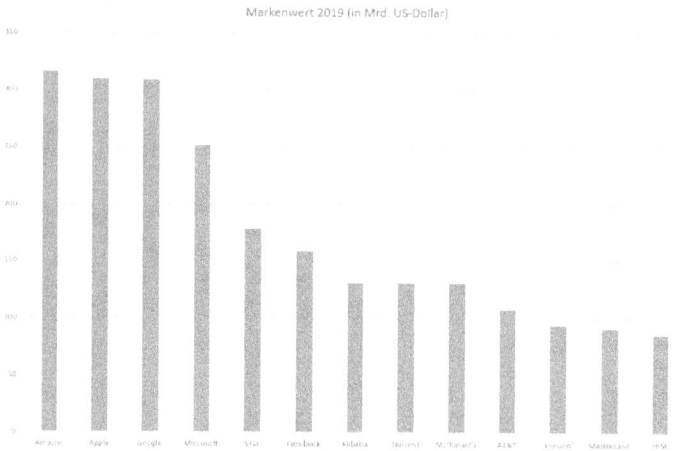

Quelle: Statista 2019, online

Außerdem lässt sich durch diese Statistik verdeutlichen, dass die Plattformökonomie längst eine zentrale Rolle in unserer Gesellschaft spielt, denn die ersten acht Plätze laut obiger Statistik aus dem Jahr 2019 belegen Plattformanbieter. Erst auf Platz neun liegt ein klassisches Pipelineunternehmen, gefolgt von weiteren Plattformanbietern. Somit lässt sich feststellen, dass die Plattformökonomie in weiten Teilen unserer Gesellschaft bereits Anwendung findet. Oftmals ist dabei aber für Nutzer nicht klar ersichtlich, dass es sich um eine Plattformlösung beziehungsweise um einen Plattformanbieter handelt.

Wie bereits erwähnt, ist diese Arbeit in zwei Teile gegliedert. Im ersten Teil (Unterpunkte 2 bis inklusive 3) soll ein allgemeiner Überblick über die Plattformökonomie gegeben werden. Dabei wird besprochen, wie eine Plattform aufgebaut ist und welche Unterschiede es zu einem Pipelineunternehmen gibt, wie der zukünftige Stellenwert von Plattformen aussehen kann und welche Veränderungen allgemein durch Plattformen bereits zu beobachten sind. Im Unterpunkt vier wird eine Studie von Ass.-Prof. Dr. Christian Smigiel, Assoz.-Prof. Dr. Angela Hof, Karolin Kautzschmann MSc und Roman Seidl aus dem Jahr 2019 herangezogen um die Auswirkungen und Konfliktpunkte von Airbnb und Uber in der Stadt Salzburg zu veranschaulichen.

PLATTFORMÖKONOMIE

Als Plattform bezeichnet man ein Geschäftsmodell, das einen signifikanten Teil dazu beiträgt, dass sich zwei oder mehrere Kundengruppen verbinden und miteinander in Verbindung treten können (Reillier, Reillier 2017, 22). Aufgrund dieser Aussage lässt sich darauf schließen, dass den Mittelpunkt der Plattformökonomie die Plattformanbieter darstellen. Sie bilden den Markt für die angebotenen Dienstleistungen oder Güter. Auf der Homepage des Anbieters befüllen dann externe Personen die Webseite mit Informationen über die jeweiligen Angebote. Das Besondere im Vergleich zu konventionellen Onlineshops ist hierbei, dass die Plattformbetreiber ausschließlich die Plattform zur Verfügung stellen und selbst kaum Inhalt für ihre Plattform produzieren, denn dieser wird von Nutzern für Nutzer produziert und führt zur Steigerung des Gesamtnutzens der Plattform (Parker, Van Alstyne, Choudary 2017, 1-15). Diese Besonderheit macht es den Plattformanbietern auch möglich, exorbitant schnell zu wachsen. Sie können binnen kürzester Zeit ihr Angebot international erweitern, denn die Plattformanbieter nutzen zur Erschließung neuer Länder das

Internet. So kann die gesamte Welt von einem Standort aus mit den Angeboten und Informationen ihrer Plattform versorgt werden und das mit vergleichsweise geringem logistischen Aufwand. Dieser bestehende Kommunikationskanal ermöglicht es auch, neuen Unternehmen mit geringen Einstiegsbarrieren auf bestehenden Märkten ihre Idee zu vertreiben und in direkte Konkurrenz zu bestehenden Unternehmen zu treten.

Wie viele Anwendungen versteckt als Plattform agieren, lässt sich am Beispiel des Internets veranschaulichen. Dieser bestehende Kommunikationskanal kann als Plattform für Plattformen bezeichnet werden. Das World Wide Web ist eine multimediale, einfach zu bedienende Plattform, die auf Internet Informations Transfer Protokollen aufbaut und es dem normalen, nicht technikaffinen Nutzer ermöglicht, das Internet zu nutzen (McAfee, Brynjolfsson 2017, 137-138). Durch die Entwicklung des Webs 2.0 mit grafischen Möglichkeiten und leichterer Bedienung im Zusammenspiel mit dem technischen Fortschritt ebnete man den Weg für digitale Plattformen.

Entstehung der Plattformökonomie

Erste Spuren von Plattformlösungen reichen bis in das Jahr 1999 zurück. Jason Finger, ein junger Rechtsanwalt aus New York, wollte damals den Prozess der Essensbestellung in seinem Unternehmen revolutionieren. Finger und ein Freund starteten die Arbeit an einer digitalen Website für Essensbestellungen und ein Jahr später konnten die beiden ihre neue Homepage SeamlessWeb vorstellen. In kürzester Zeit waren hunderte Restaurants aus Manhattan auf SeamlessWeb gelistet und verhalfen hungrigen Mitarbeitern zu einer online bestellten Mahlzeit (Stone 2017, 65-67). Man kann anhand dieses Beispiels erkennen, dass Plattformen oft bestehende Prozesse verbessern oder gänzlich ersetzen wollen. Vor der Einführung von SeamlessWeb war Finger gezwungen, sämtliche Kollegen persönlich über ihre Essenswünsche zu befragen, abzurechnen und die Speisen zu verteilen. Diese Arbeit wird mittlerweile von digitalen Lösungen erledigt und die neue digitale Bestelllösung minimiert neben dem Zeitaufwand auch die Anzahl an Fehlern im Bestellvorgang.

In den vergangenen Jahren wechselten immer mehr Unternehmen und Branchen von dem herkömmlichen Pipelineaufbau zu einer Plattformstruktur. Dies hat zur Folge, dass die einfachen Strukturen, wie sie bei Pipelineunternehmen vorhanden waren, nun sehr komplex und schwer verständlich wurden. Bei diesen neuartigen Strukturen treten Unternehmen und Kunden in unzählige verschiedene Beziehungen zueinander. Zum einen kann ein Plattformnutzer nur Konsument oder Anbieter sein, aber er kann auch Prosumer (Daum 2019, 50) sein und die Plattform sowohl als Einkaufs- als auch als Verkaufsplattform nutzen (Parker, Van Alstyne, Choudary 2017, 6). So entstanden in den vergangenen Jahren etliche Plattformen wie Alibaba, Apple, Facebook, Google, Microsoft, Pinterest und Viele mehr. All diese Plattformen haben eines gemeinsam: Sie bringen Personen zusammen und etablieren so potenzielle Märkte, wo zuvor noch keine bestanden (Evans, Schmalensee 2016, 1-2). Diese neu erschlossenen Märkte und die Möglichkeit, auf einfachem Weg mit völlig fremden Personen in Kontakt zu treten, gaben der Sharing Economy neue Möglichkeiten und verhalfen dieser, sich auf neue Weise zu etablieren.

Eine der ersten großen Plattformen war Google. Sie entstand im Jahre 1998 als einfache digitale Suchmaschine (Reillier, Reillier 2017, 66). Im Jahr 2002 folgte Friendster, 2004 Facebook - beide soziale Netzwerke (Evans, Schmalensee 2016, 145; Pindyck, Rubinfeld 2015, 199) – und gegen Ende der ersten Dekade des 21. Jahrhunderts (2007 und 2008) entstanden mit Airbnb und Uber (Stone 2017, 17; Stone 2017, 39) zwei der wohl am schnellsten wachsenden Unternehmen desselben Jahrhunderts. Bis heute spielen diese Unternehmen eine große Rolle in Bezug auf Plattformökonomie. Im Laufe der Zeit haben sie sich stark vergrößert und ihre Geschäftsfelder erweitert. Zum einen geschah das durch den in weiterer Folge erklärten zweiseitigen Netzwerkeffekt und zum anderen dadurch, dass diese Unternehmen immer wieder neue Geschäftsfelder entwickelten. Google setzte neben eigenen Entwicklungen auch auf den Zukauf von vielversprechenden Start-Ups. Google konnte so das Geschäftsfeld um YouTube, eine Multimedia-Plattform, erweitern. Google ermöglichte somit erstmals jedem Nutzer weltweit, eigens produzierte Videos der Öffentlichkeit zur Verfügung zu stellen und mit der Zeit entwickelte sich YouTube zur drittmeistbesuchten Seite im Internet (Reillier, Reillier 2017, 67).

Aufbau einer Plattform

Jede funktionierende Plattform hat einen einzigartigen Aufbau, ein einzigartiges Angebot und zieht Nutzer mit unterschiedlichen Interessen an. Dabei kreiert eine jede Plattform auch einen individuellen Nutzen für die User und erzielt auf unterschiedliche Art und Weise Umsatz. Wie ein Beispiel unterschiedlicher Handybetriebssysteme aber erkennen lässt, weisen unterschiedliche Plattformen trotz allem Gleichheiten auf. Für Handyanbieter gibt es aktuell zwei große unterschiedliche Betriebssysteme, die sich beide als Plattformen verstehen. Zum einen gibt es von Apple das IOS-System, das nur für jene Produkte verfügbar ist, die von Apple hergestellt wurden und somit als closed-source-Produkt gilt. Zum anderen gibt es von Google das Android-System, das als open-source-Produkt sowohl von Google als auch von vielen anderen Handyherstellern genutzt wird. Nun können die Smartphone-Nutzer, die sich für eines der beiden Produkte entschieden haben, Mehrwert aus der Plattform konsumieren: Sie können etwa dank des Betriebssystems die eingebaute Handykamera verwenden, die Fotos abspeichern und bearbeiten. Sie können aber auch Mehrwert erzielen, indem sie Inhalte downloaden, die von dritten, unabhängigen Programmierern erstellt wurden. Dadurch steigt der Mehrwert für den Nutzer (Handykäufer) und den Anbieter (Google & Apple). Gleichermaßen erhöht sich die Attraktivität der Plattform und zieht neue Nutzer an, die wiederum Programmierer motivieren, neue Apps zu entwickeln. Das Resultat ist ein Austausch von Mehrwert, der nur möglich ist durch den Aufbau als Plattform (Parker, van Alstyne, Choudary 2017, 6-7). Ähnlich verhält es sich auch bei sozialen Netzwerken, die zusätzlich zum Mehrwertaustausch (Austausch von Informationen zwischen Nutzern) auch von anderen Netzwerkeffekten profitieren.

Abbildung 2: Aufbau einer Plattform

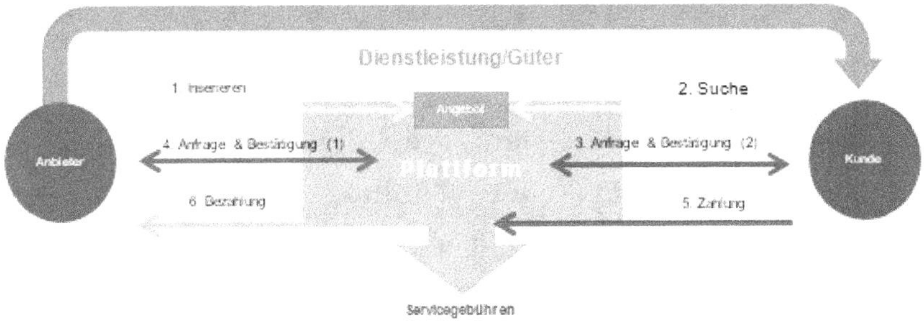

Quelle: Eigene Grafik

Die oben angeführte Grafik zeigt den Aufbau einer Plattform, die Dienstleistungen oder Güter von

Dritten über das Internet anbietet. Zu Beginn einer Transaktion zwischen Anbieter und Abnehmer muss der Anbieter sein Angebot auf der Plattform inserieren und für die Öffentlichkeit freischalten. Nach diesem Schritt der Veröffentlichung können sich Kunden auf der Plattform darüber informieren, welche Angebote es gibt. Der Vorteil für den Kunden liegt darin, dass er auf der Plattform ohne großen Aufwand verschiedene Angebote der Anbieter vergleichen kann. Hat der Kunde nun die Suche vollendet und ein für ihn passendes Angebot gefunden, stellt er die Anfrage an den Anbieter. Dieser erhält die Anfrage und kann sie wiederum bestätigen oder ablehnen. Ist der Anbieter mit der Anfrage zufrieden und bestätigt diese, erhält der Kunde eine Benachrichtigung der Plattform und bezahlt der Plattform den vereinbarten Preis. Oftmals wird dieses Bestätigungsverfahren durch automatisierte Prozesse in Kombination mit einer Lagerbestandsaufzeichnung erledigt. Die Plattform behält sich von der Zahlung eine gewisse Servicegebühr ein und überweist dem Anbieter die noch offene Forderung. Dabei nimmt die Plattform während des gesamten Verkaufsprozesses die Funktion des Vermittlers ein. So können oftmals Anbieter und Konsument direkt über die Plattform mittels Chat miteinander kommunizieren und noch offene Punkte bezüglich des Kaufes klären. Der Vermittler profitiert von einer hohen Anzahl an Anbietern, da diese die Plattform für Kunden attraktiver macht und so ein höherer Traffic auf der eigenen Plattform erzielt werden kann. Diese Zugriffe auf der Plattform führen zu weiteren Transaktionen zwischen Anbietern und Kunden, bei welchen wiederum Servicegebühren von der Plattform in Rechnung gestellt werden können.

Wie bereits eingangs erwähnt, muss der Plattformanbieter sein ganzes Augenmerk darauflegen, die Homepage/App so zu gestalten, dass sie für die Nutzer ein Maximum an Usability aufweist. Hat ein Betreiber die Homepage so aufgebaut, dass sie einfach anzuwenden ist, das Design ansprechend wirkt und sie technisch am Stand der Zeit ist, kann er sich gegen die Konkurrenz durchsetzen und Marktanteile gewinnen, ohne sich auf den Inhalt der Homepage konzentrieren zu müssen.

Trotz der Tatsache, dass Plattformen individuell aufgebaut sind, kann man diese je nach Inhalt in vier Gruppen gliedern: Zum einen können Plattformen als Marktplätze auftreten. Diese Form ist in Abbildung 2 ersichtlich. Eine zweite Gruppe stellen soziale Netzwerke dar, bei denen der Mehrwert durch das Teilen von Informationen entsteht. In diese Gruppe sind Facebook und YouTube einzuordnen. Eine weitere Gruppe, die häufig unscheinbar und als Ergänzung auf Plattformen auftritt, ist jene der Zahlungsplattformen wie PayPal. Diese Unternehmen treten auf Plattformen meist im Bestellprozess auf und ermöglichen eine einfache und sichere Zahlung. Die vierte und letzte Gruppe sind Betriebssysteme. Bekannte Vertreter sind Android und das IOS-System. Sie ermöglichen den Nutzern, auf Inhalte von anderen zuzugreifen (Reillier, Reillier 2017, 6).

Neben der inhaltlichen und zweckmäßigen Unterteilung der Plattformen kann man diese auch in direkte und indirekte Plattformen unterteilen. Als Beispiel für eine indirekte Plattform kann das Kreditkartenunternehmen Visa angeführt werden. Dieses führt die Zahlung zwischen den beiden beteiligten Seiten durch, wobei die Nutzer jedoch lediglich über ihre Hausbank mit Visa in Verbindung treten. Somit hat keine der beiden Seiten eine direkte Verbindung zu dem Unternehmen Visa. Bei Handelsplattformen wie eBay hingegen treten Anbieter und Kunde unmittelbar über die Plattform miteinander in Verbindung und können sich direkt austauschen (Reillier, Reillier 2017, 81).

Abbildung 3: Direkte im Vergleich zu indirekte Plattformen

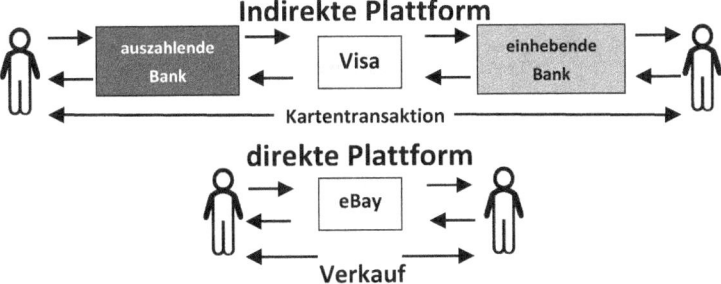

Quelle: Reillier, Reillier 2017, 81

Akteure in der Plattformökonomie

Den Kern der Plattformökonomie bilden die Plattformanbieter und die Hersteller. Die Anbieter sind Plattformeigentümer, die die finanziellen Mittel, die Software und die Idee zur Verfügung stellen. Die zweite Gruppe im Kern sind die Hersteller. Diese kümmern sich um die notwendige Hardware für die Plattform. Als Mantel um den Plattformkern kann man das Interface der Plattform ansehen. Dieses Interface ist es, was

Endnutzer von der Plattform zu Gesicht bekommen und nutzen, um ihre Transaktionen über die Plattform abzuwickeln. Den ersten Kreis um den Plattformkern bilden die Plattformteilnehmer (Nutzer, Anbieter und Partner). Diese Gruppe ist es auch, die durch die Verwendung der Plattform ihren Nutzen steigern kann. So können Kunden etwa eine Dienstleistung oder ein Objekt günstiger beziehen, Anbieter können Dienstleistungen oder nicht mehr gebrauchte Produkte anbieten und die Partner der Plattform (zum Beispiel Bezahldienstleister) können ihr eigenes Produkt etablieren beziehungsweise neue Kunden gewinnen und Umsatz erzielen. Im äußersten Kreis, dem Plattformumfeld, findet man die Legislative, Gerichte und Wettbewerber (Drewel et al. 2019, 5).

Abbildung 4: Akteure im Umfeld der Plattformökonomie

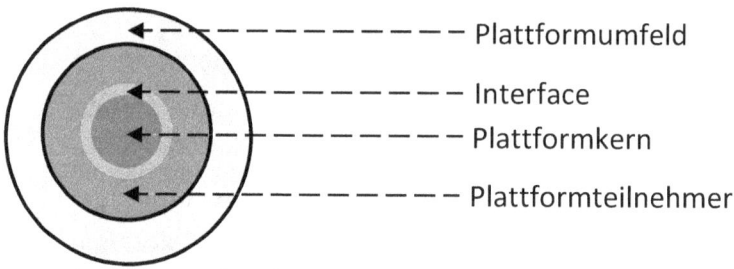

Quelle: Drewel et al. 2019, 5

Die genannten Akteure im Plattformsystem können dieses unterschiedlich beeinflussen. Im Kern verwaltet der Eigentümer, wie bereits erwähnt, das intellektuelle Kapital und die Gesamtarchitektur der Plattform. Der Hersteller stellt die Hardware zur Verfügung. Ein Beispiel für den Plattformkern bilden etwa Google und Samsung. So stellt Google das Betriebssystem für Samsung zur Verfügung. Samsung nutzt die Software und verhilft Google so zu Nutzern. Über das Interface der Plattform können die Plattformteilnehmer auf die Google-Infrastruktur zugreifen. Im Bereich der Plattformteilnehmer kommt es zum Nutzenaustausch; dabei treten die Teilnehmer in direkten Kontakt miteinander. Die ebenfalls im Kreis der Plattformteilnehmer befindlichen Partner können die Plattform erweitern. Hier könnte beispielsweise ein Bezahldienstleister wie PayPal seine Leistung anbieten. Das Plattformumfeld bilden die Wettbewerber, die Legislative und die Gerichte. Diese Akteure sind nicht unmittelbar an den Transaktionen auf der Plattform beteiligt, können diese jedoch sehr stark beeinflussen. So konkurrieren Plattformanbieter ständig mit anderen Anbietern, die eine ähnliche oder gleiche Lösung anbieten (beispielsweise Android gegen IOS). Gerichte können Plattformen durch Urteile nachhaltig schädigen beziehungsweise deren Ausübung verbieten. Neben den Gerichten kann auch die Politik mittels neuer Gesetze die zukünftige Verwendung von Plattformen einschränken (Drewel et al. 2019, 5).

Auf der Ebene der Plattformnutzer kann man bei Plattformen etwas Besonderes beobachten. Hier können Nutzer nicht nur eine traditionelle Funktion als Produzent oder Konsument einnehmen, sondern können die Plattform für beides nutzen. In diesem Fall spricht man von Prosumern. Diese Nutzer bieten auf der einen Seite Waren oder Dienstleistungen auf einer Plattform an, beziehen aber auch Waren/Dienstleistungen von derselben (Daum 2019, 50). Dieses Phänomen kann man sehr gut bei Handelsplattformen wie eBay Kleinanzeigen erkennen. Diese Plattform wird von Privatpersonen genutzt, um nicht mehr benötigte Freizeitartikel, Haushaltsartikel oder sonstige Waren zu verkaufen oder zu beziehen. Mit einer Registrierung können sowohl Angebote erstellt als auch Waren bezogen werden.

Performance der Plattformökonomie

Nachdem in den vorhergegangenen Unterpunkten bereits die Entstehung, der Aufbau und die Akteure innerhalb der Plattformökonomie eingehend beschrieben wurden, soll sich dieser Unterpunkt mit den bereits erbrachten Leistungen der Plattformökonomie befassen. Es wird analysiert, wie sich die Plattformökonomie innerhalb unserer Wirtschaft in den vergangenen Jahren entwickelt hat und wie hoch der Stellenwert mittlerweile in unserer Gesellschaft ist. Im Jahr 2018 fand eine Befragung unter deutschen Online-Händlern in Bezug auf kommende Trends im Online-Handel statt. Dabei wurden 237 Online-Händler nach der Wichtigkeit verschiedener Trends befragt. Folgende Trends wurden mit „sehr wichtig" beziehungsweise „eher wichtig" für den Online-Handel von den Befragten bewertet.

Abbildung 5: Befragung Trends im Online-Handel

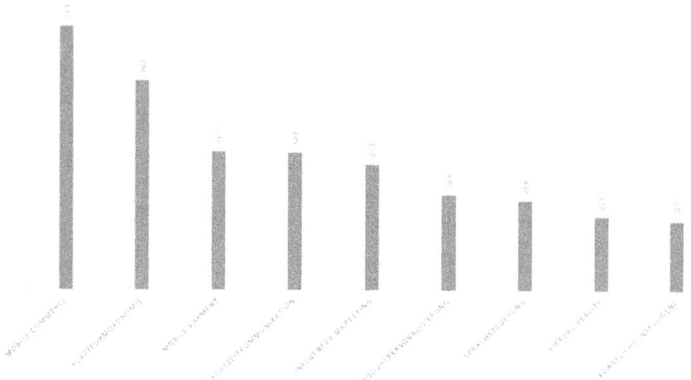

Quelle: ECC Köln 2019, online

Anhand dieser Befragung lässt sich erkennen, dass die Plattformökonomie bereits im Jahr 2018 bei Onlinehändlern einen hohen Stellenwert hatte. Nur dem Mobile Commerce sprachen die Teilnehmenden einen höheren Stellenwert zu. Mit 62,1% liegt die Plattformökonomie an Platz zwei der Trends; noch vor Mobile Payment und Echtzeitkommunikation. An der Grafik lässt sich zudem erkennen, dass Virtual Reality und künstliche Intelligenz laut Online-Händler keine für den Onlinehandel relevanten Themen sind.

Betrachtet man eine weitere Grafik, nämlich jene der monatlichen Durchschnittsnutzer des

Fahrdienstleisters Uber, lässt sich auch hier der Trend erkennen, dass die Plattformökonomie ihren Bekanntheitsgrad in der Vergangenheit drastisch steigern konnte.

Abbildung 6: Monatliche Nutzer Uber bis 2018

Quelle: Uber 2019, 57

Die Zahlen wurden von Uber selbst erhoben und veröffentlicht. Sie beziehen sich auf die durchschnittliche monatliche Anzahl an Personen, die zumindest einmal im Monat eine Ride-Sharing oder New Mobility-Leistung in Anspruch nahmen. Die Grafik verdeutlicht, dass Uber im Zeitraum von 2016 bis 2018 die Nutzer-Zahlen verdoppeln konnte und im Jahr 2018 durchschnittlich 91 Millionen Fahrten pro Monat vermittelte. Der starke Anstieg lässt darauf schließen, dass der Markt noch nicht gesättigt ist und in den kommenden Jahren mit einer steigenden Nachfrage von neuen Nutzern zu rechnen ist.

Die unten angeführte Grafik zeigt die Entwicklung der Inserate und der angebotenen Übernachtungsmöglichkeiten des Kurzzeitvermietungsvermittlers Airbnb.

Abbildung 7: Inserate Airbnb 2011 bis Oktober 2019

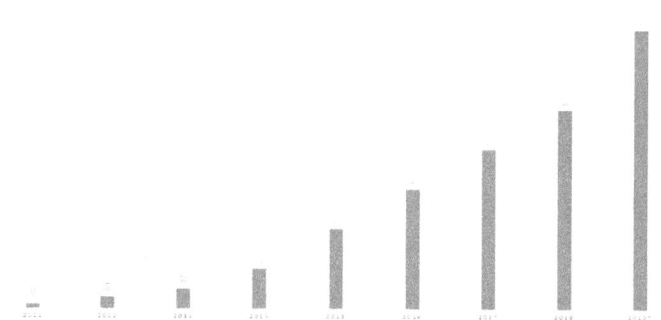

Quelle: Statista 2019, online

Anhand dieser Abbildung erkennt man, dass Airbnb in den Jahren von 2011 bis Oktober 2019 deutlich an neuen Inseraten zulegen konnte. Berechnet man die Wachstumsrate für diesen Zeitraum, so kommt man auf einen Wert von 57,33 (eigene Berechnung).

Diese Daten wurden von Airbnb erhoben und zur Verfügung gestellt.

Anhand dieser drei Grafiken lässt sich nun ableiten, dass die Plattformökonomie in den vergangenen Jahren sehr stark an Zuwachs gewann und dass das Interesse daran weiterhin steigt. So haben nicht nur Experten, die den Begriff Plattformökonomie einordnen können, den Trend derselben erkannt, sondern auch die Endverbraucher, die den Trend aktiv nutzen. Dabei muss man erwähnen, dass für den Endverbraucher diese beiden Vermittlungsanbieter (Airbnb & Uber) einen deutlichen Mehrwert bieten. Dieser liegt vor allem in den teilweise billigeren Preisen als bei traditionellen Anbietern und in der einfacheren Nutzung mittels Mobiltelefon oder Desktopanwendung.

Betrachtet man einen weiteren Aspekt, nämlich jenen, wie Vertreter der Plattformökonomie von Investoren bewertet werden, so kann man verdeutlichen, dass diese vergleichsweise neuen Unternehmen, bereits renommierten Unternehmen um wenig nachstehen. Das soziale Netzwerk LinkedIn etwa konnte im Mai 2011 kurz nach dem Börsengang eine Marktkapitalisierung von vier

Milliarden USD vorweisen. Bereits im Jänner desselben Jahres konnte Facebook eine halbe Milliarde an Investitionen lukrieren. Angeführt wurde die Gruppe der Investoren von Goldman Sachs (Stone 2017, 131). Ebenso verzeichnete Uber einen enormen Wertanstieg. In der ersten Finanzierungsrunde investierte die Firma AngelList und dessen Inhaber Naval Ravikant in Summe 25.000 USD. Der aktuelle Wert dieser Investition beträgt über 100 Millionen USD (Stone 2017, 61).

Der Vorteil digitale Plattform

Die Plattformökonomie hat im Vergleich zu einer gebräuchlichen Wertschöpfungskette einige Vorteile. Vergleicht man die Abbildungen „Aufbau einer Plattform" und „Pipeline-Unternehmen" miteinander, so kann man feststellen, dass in einer herkömmlichen, traditionellen Wertschöpfungskette für den Anbieter/Erzeuger ein weitaus höherer Arbeitsaufwand (in Bezug auf Logistik) besteht. Des Weiteren bieten Plattformen den Vorteil einer schnelleren Skalierung des Unternehmens. So muss ein Unternehmen mit einer traditionellen Wertschöpfungskette viel Zeit und Ressourcen in eine Expansion stecken, ein Plattformunternehmen kann hingegen durch einen rein digitalen Auftritt und der Kommunikation über Internet leichter skaliert werden (Parker, van Alstyne, Choudary 2017, 21-25).

Abbildung 8: Pipeline-Unternehmen

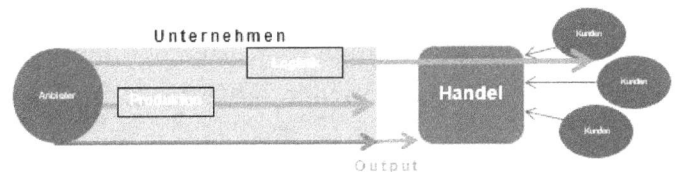

Quelle: Eigene Grafik

Die angeführte Abbildung acht ist eine geläufige Wertschöpfungskette. Parker, Van Alstyne und Choudary beschreiben Unternehmen, die diese Art der Wertschöpfungskette verwenden als Pipeline-Unternehmen. Diese sind zumeist alltägliche vor-plattformökonomische Unternehmen (Parker, van Alstyne, Choudary 2017, 1-15). Bei solchen Wertschöpfungsketten ist ersichtlich, dass Unternehmen sich um eine Vielzahl von Arbeitsschritten kümmern müssen, bis es zur tatsächlichen Verkaufshandlung kommt. Von der Beschaffung der Ressourcen über die Produktion bis zur Logistik muss alles von einem einzelnen Unternehmen organisiert werden. Es entsteht somit ein erheblicher Mehraufwand im Vergleich zu

Plattformanbietern. Diese versuchen möglichst viele Schritte der Wertschöpfungskette an Dritte auszulagern und sich auf das Kerngeschäft der Plattform (die Vermittlung zwischen Anbieter und Kunden) zu fokussieren.

Neben ihrem Aufbau haben Plattformunternehmen im Vergleich zu herkömmlichen Unternehmen noch eine Reihe weiterer Vorteile aufzuweisen. Einer davon ist die Erreichbarkeit: Kunden haben keinen bedeutsamen Aufwand, um das Angebot einer Plattform mittels Smartphone oder PC abzurufen. Sie müssen weder ihre Wohnung verlassen, noch müssen sie sich an vorgegebene Öffnungszeiten halten. Durch den digitalen Auftritt und die Verbreitung über das Internet kann täglich 24 Stunden lang nach Produkten oder Dienstleistungen gesucht werden. Des Weiteren bündeln Plattformen das Angebot von verschiedenen Anbietern und können so ihren Kunden in Summe ein größeres Produktportfolio offerieren, als es ein einzelner Anbieter könnte. Diese Vorteile werden in den kommenden Jahren noch wichtiger werden, denn immer mehr Länder setzen auf Digitalisierung und erweitern beziehungsweise verbessern ihre Funknetze. Dies führt dazu, dass die Zahl an Internetnutzern ansteigt und die Plattformanbieter zusätzlich profitieren (Evans, Schmalensee 2016, 19).

Darüber hinaus bietet auch Big Data einen wichtigen Vorteil, denn mit jeder Transaktion zwischen Kunde und Plattform wird das Einkaufsverhalten genau aufgezeichnet und so analysierbar. Dadurch können gezielte Cross-Selling-Maßnahmen entstehen und in Summe der Umsatz gesteigert werden (Winter 2017, 71-87). Große Plattformunternehmen besitzen eigene Abteilungen, die sich mit der Analyse des Einkaufsverhaltens von Kunden beschäftigen. Versteht man das Einkaufsverhalten seiner Onlinekunden, kann man dieses nämlich bis zu einem gewissen Grad beeinflussen.

Die genannten Vorteile von digitalen Plattformen sind zu einem Großteil auf den digitalen Fortschritt zurückzuführen. Über Jahrzehnte wurden Transistoren verbessert und verkleinert. Dadurch konnten mehrere stärkere Transistoren auf kleineren Platten miteinander kombiniert werden. Um zu veranschaulichen, wie stark sich diese Technik verbessert hat, kann man beispielsweise einen IBM Computer aus dem Jahre 1981 mit einer Anzahl von 29.000 Transistoren im Vergleich zu einem iPhone 6 aus dem Jahre 2014 heranziehen. Dieses Smartphone besitzt nämlich bereits in etwa zwei Milliarden Transistoren (Evans, Schmalensee 2016, 41). Ein solcher Technischer-Fortschritt machte digitale Geräte wie Computer oder Smartphones auch für breite Massen immer interessanter. Im Jahr 2008 waren bereits mehr als eine Milliarde Computer im Einsatz. In den folgenden Jahren waren die Computerverkäufe rückläufig und neue, noch kleinere Geräte drängten auf dem Markt. Alleine im Jahr 2014 wurden mehr als 1,2 Milliarden Smartphones und mehr als 200 Millionen Tablets verkauft (Evans, Schmalensee 2016, 41). Man kann also beobachten, dass der technische Fortschritt die Verkaufszahlen der Gerätehersteller steigen ließ und mit jedem verkauften Gerät konnte ein Betriebssystem einen neuen Nutzer begrüßen. Diese Kombination aus technischem Fortschritt und mehr verkauften Geräten ebnete den Weg für digitale Plattformen, die nun eine große Menge an Nutzern bequem über AppStores erreichen können.

Netzwerkeffekte

Netzwerkeffekte spielen für die Plattformökonomie eine große Rolle. Im folgenden Unterpunkt sollen die wichtigsten Netzwerkeffekte angeführt und deren Auswirkungen auf Plattformen erklärt werden.

Netzwerkeffekte innerhalb der Plattformökonomie lassen sich anhand eines Beispiels veranschaulichen: Hat man zwei registrierte Nutzer auf einer Plattform, so können diese nur miteinander in Beziehung treten – dadurch entsteht also eine Beziehung. Bei fünf Nutzern können bereits zehn Beziehungen geschaffen werden und bei zwölf Nutzern 66 mögliche Beziehungen (Reillier, Reillier 2017, 34). Nun lässt sich erkennen, warum es für Plattformen wichtig ist, ausreichend Nutzer zu haben.

Der zweiseitige Netzwerkeffekt (two-sided network effect) besagt, dass jeder neue Nutzer einer Plattform den Nutzen für alle Teilnehmer erhöht. Ein Beispiel für diesen ist etwa ein soziales Netzwerk. Eine Plattform mit lediglich einem einzigen aktiven Nutzer hat kaum Mehrwert für diesen. Hat das Netzwerk hingegen eine hohe Anzahl an aktiven Nutzern, so werden einzelne Nutzer mehr Zeit auf der Webseite verbringen, denn es gilt: Mehr Nutzer produzieren mehr Inhalt, was zugleich bedeutet, der Mehrwert pro Nutzer an der Plattform steigt. Hat die Plattform eine gewisse Größe und Bekanntheit erlangt, gewinnt eine zweite Netzwerkexternalität neben dem two-sided network effect an Bedeutung für den Betreiber: der sogenannte Mitläufereffekt. Dabei will der Konsument nur ein Teil des Netzwerkes sein, weil dieses modisch ist und im Trend liegt (Pindyck, Rubinfeld 2015, 195-199).

Belegbar ist diese positive Netzwerkexternalität in sozialen Netzwerken anhand des Beispiels Facebook. Diese soziale Plattform dient dazu, sich schnell mit Bekannten und Freunden auszutauschen und Informationen zu teilen. Der Auslöser für eine mögliche Registrierung im Netzwerk könnte sein, dass man Informationen und Neuigkeiten seiner Freunde nicht erfährt, wenn man keinen Zugang zu der Plattform und den darin verwalteten Daten hat. Nun steigt, wie bereits erwähnt, mit jeder zusätzlichen Neuanmeldung im Netzwerk nicht nur der Mehrwert für neue Nutzer (diese gelangen an Informationen, die zuvor nicht zugänglich waren), sondern auch für alle bereits registrierten Nutzer, sorgen doch die neuen Nutzer für weiteren Inhalt im Netzwerk. Analysiert man schließlich die Nutzerzahlen von Facebook zwischen 2004 und 2010, kann man erkennen, dass mit der steigenden Nutzerzahl die durchschnittliche Verbleibdauer einzelner Nutzer pro Monat markant anstieg (Pindyck, Rubinfeld 2015, 195-199).

Tabelle 2: Stunden im Vergleich zu Nutzer

Jahr	Facebook-Nutzer in Mio.	Stunden/Monat & Nutzer
2004	1	
2005	5,5	
2006	12	<1
2007	50	2
2008	100	3
2009	350	5,5
2010	500	7

Quelle: Pindyck, Rubinfeld 2015, 199

Die Skaleneffekte beschreiben, dass die Stückkosten mit zunehmender Produktion sinken (Reillier, Reillier 2017, 32). Dies basiert auf der Tatsache, dass mit zunehmender Stückzahl die Fixkosten auf mehr Produkte verteilt werden können. Unternehmen, die nun maximal von diesen Skaleneffekten profitieren möchten, werden versuchen, das größte Unternehmen ihrer Branche zu werden, um die niedrigsten Kosten pro Stück erzielen zu können. In der Plattformökonomie kann man von umgekehrten Skaleneffekten (demand-side

EoS) profitieren, indem man versucht, die meisten Nutzer zu generieren. Diese Nutzer erzeugen in weiterer Folge den meisten Inhalt auf der eigenen Plattform (Reillier, Reillier 2017, 32-33).

Ein weiter Netzwerkeffekt ist die Preiselastizität. Die Nachfrage nach Produkten und Dienstleistungen ist abhängig vom Preis und die Preiselastizität der Nachfrage gibt an, wie sich diese bei einer Veränderung von einem Prozent verhält. In vielen Fällen hat eine kleine Preisänderung von einem Prozent bereits große Auswirkungen auf die Nachfrage. Das kann in weiterer Folge dazu führen, dass Kunden zu Substitionsgüter greifen und diese vorziehen (Reillier, Reillier 2017, 37). Die Grenzkosten beschreiben die Kosten, die durch die Produktion eines weiteren Stückes anfallen. In der Plattformökonomie kann man ein widersinniges Phänomen bezüglich besagter Grenzkosten beobachten, denn hier gehen die Kosten für ein weiteres produziertes Produkt gegen null (Daum 2019, 47-48). In den vergangenen Jahren kam es durch dieses Null-Grenzkosten-Phänomen dazu, dass die Informationsbranchen (Filmindustrie, Zeitungen, Musikbranche und weitere) stark unter Druck gerieten. Aufgrund der geringen Grenzkosten verbreiteten sich digitale Abzüge und Kopien nämlich in rasantem Tempo (Daum 2019, 48).

Launch einer neuen Plattform

Nachdem in den vorangegangenen Unterpunkten bereits ausführlich der Aufbau der Plattform und das Verbinden von Angebot und Nachfrage diskutiert wurde, stellt sich nun aber die Frage, wie sich Plattformen zu Beginn etablieren können. Ausschlaggebend für eine funktionierende Plattform sind aktive Nutzer, die wiederum von bereits erstellten Inhalten durch andere Nutzer profitieren. Parker, van Alstyne und Choudary beschreiben dieses Problem als Huhn-oder-Ei Problem, angelehnt an die aus der Evolutionslehre stammende Frage. Was war zuerst da, Huhn oder Ei? Ähnlich verhält es sich auch mit Plattformen, doch müsste man hier die Frage wie folgt abwandeln: „Wer war zuerst da, der Anbieter oder der Nutzer?". Welche Möglichkeiten hat man also, um eine Plattform zu etablieren, wenn davon auszugehen ist, dass sowohl Anbieter als auch Nutzer abhängig voneinander sind (Parker, van Alstyne, Choudary 2017, 89)?

In der Literatur findet man bezüglich der Einführung einer neuen Plattform verschiedene Strategien. Diese empfehlen beispielsweise, sich auf eine Gruppe oder Seite des Nutzenaustausches zu konzentrieren, denn so wird die zweite benötigte Gruppe für den Austausch automatisch angelockt. Darüber hinaus findet man Strategien, die darauf abzielen, sich mit Hilfe einer zweiten, bereits bekannten Plattform zu verknüpfen und so eigene Nutzer zu generieren. Im anschließenden Teil der Arbeit sollen die acht wichtigsten Einführungsstrategien vorgestellt und erläutert werden.

Follow-the-rabbit strategy

Um diese Strategie anwenden zu können, benötigt man eine bestehende Firmenstruktur als Ausgangspunkt. Diese ist im besten Fall bereits am Markt etabliert und hat eine durch bestehende Aufträge geprüfte Infrastruktur. Nun nimmt man diese bestehende Struktur, die bereits Verkäufer und Käufer anlockt, und adaptiert sie entsprechend, sodass man eine Plattformstruktur erhält. Als Beispiel für jene Strategie lässt sich Amazon heranziehen. Vermutlich hatte Amazon nie das Huhn-oder-Ei-Dilemma, denn der Onlinehändler hatte bereits eine vollfunktionsfähige Pipelineinfrastruktur, die von Kunden genutzt wurde. So mussten lediglich die bestehenden Infrastrukturen und Webseiten für weitere Händler zur Verfügung gestellt werden und der Amazon Marketplace war entstanden. Dort können externe Händler ihre Produkte anbieten und über Amazon selbstständig vertreiben (Parker, van Alstyne, Choudary 2017, 89).

Diese Strategie spielt für Unternehmen, die bereits onlinepräsent sind und einen funktionierenden Onlineshop haben eine zentrale Rolle. Durch bestimmte technische Adaptionen kann der eigene Onlineshop umgebaut und für Drittanbieter geöffnet werden. So profitiert der Onlineshop-Inhaber von einem größeren Produktportfolio. Für diejenigen Anbieter, die neu an dieses Geschäft herangetreten sind, liegt der Nutzen vor allem darin, dass sie nun an einem funktionierenden Onlineshop ihre Produkte anbieten können. Durch diese Strategie profitieren der Onlineshop-Anbieter und die neuen Anbieter also gleichermaßen, denn das erweiterte Produktportfolio lockt neue Anbieter und in weiterer Folge zusätzliche Kunden an.

The piggyback strategy

Bei dieser Strategie benötigt man die Unterstützung einer bestehenden Plattform. Man versucht, die eigene Plattform auf einer bereits bestehenden Plattform den dortigen Nutzern anzubieten. Die Nutzer der etablierten Plattform können so die neue Lösung ausprobieren und sollen davon überzeugt werden, dass diese zusätzlichen Vorteile für sie bringt. Dadurch kann man zukünftig eigene Nutzer generieren. PayPal verwendete diese Strategie um sich als Zahlungsform im Internet zu etablieren. Der Onlineauktionshändler eBay setzte damals auf die neue, sichere Zahlungsmethode und verhalf so PayPal zum Erfolg (Parker, van Alstyne, Choudary 2017, 91-92; Reillier, Reillier 2017, 95).

Die Herausforderung bei dieser Einführung liegt darin, eine geeignete Partnerplattform oder Partnerhomepage zu finden, um das eigene Produkt dort anbieten zu können. Man muss demnach nicht nur für den Endnutzer einen zusätzlichen Vorteil generieren, sondern auch die unterstützende Plattform durch das eigene Angebot aufwerten. Im konkreten Fall von PayPal lag die Aufwertung für eBay klar auf der Hand. Vor der Implementierung von PayPal musste man auf eBay mittels unsicherer Banküberweisung Käufe tätigen oder direkt bei der Übergabe mit Bargeld zahlen. Durch die Nutzung von PayPal entstand für Kunden eine erhöhte Zahlungssicherheit und eBay offerierte den Kunden dadurch einen echten Mehrwert. Man kann erkennen, dass diese Kooperation für beide Seiten von Vorteil war.

The seeding strategy

Diese Strategie zielt zu Beginn auf einen kleinen Kreis von Interessierten ab. Es wird versucht, diese als aktive Nutzer zu gewinnen, um dadurch weitere neue Nutzer anzulocken. Häufig muss hier der Plattformbetreiber selbst als erste treibende Kraft agieren, um einen Mehrwert für spätere Nutzer zu kreieren. Diese Strategie wendete zum Beispiel Google bei der Einführung des neuen Betriebssystems Android an. Google annoncierte in der Startphase fünf Millionen USD Preisgeld für die Entwickler mit der besten App in zehn verschiedenen Kategorien. Die Gewinner der Kategorien erhielten nicht nur das Preisgeld, sondern wurden auch Marktführer in der gewonnenen Kategorie und konnten so eine hohe Anzahl an eigenen Nutzern generieren (Parker, van Alstyne, Choudary 2017, 92-93).

Wie bei einigen anderen Strategien, so ist auch an diese ein hoher finanzieller Aufwand geknüpft sowie ein extremer Arbeitsaufwand. Im oben genannten Beispiel motivierte Google diverse Entwickler mit fünf Millionen US-Dollar. Aufgrund einer solchen finanziellen Barriere wird diese Strategie auch nicht für alle neuen Plattformen anwendbar sein. Der Vorteil hingegen liegt ganz klar darin, dass man für mediales Interesse an der eigenen Plattform sorgt und dass man durch solche Ausschreibungen nicht nur jene Projekte erhält, die prämiert werden, sondern auch etliche andere, die dennoch allen Nutzern zur Verfügung stehen. Somit hat man mit dieser einen Aktion Unmengen an Inhalten für die eigene Plattform geschaffen. Dieser durch finanzielle Mittel generierte Inhalt sorgt weiter für Nutzen bei allen Nutzern und bringt so die Plattform in Gang. Kann man das notwendige Kapital nicht aufwenden, kann man sich auch selbstständig um den Inhalt der Plattform kümmern (Reillier, Reillier 2017, 94). Dating Plattformen wenden beispielsweise häufig den Trick der seeding Strategie an, indem sie Fakeprofile erstellen. Für diese Plattformen ist es häufig schwierig, die notwendige Anzahl an Usern zu erzielen, die benötigt werden. Also werden Fakeprofile angefertigt, die gefälschten Inhalt auf der Plattform generieren. Die tatsächlichen Nutzer haben dadurch das Gefühl, dass die Plattform einen für sie wertvollen Inhalt besitzt (Reillier, Reillier 2017, 94).

The marquee strategy / The VIP strategy

The marquee strategy stellt einen Anreiz in den Mittelpunkt der Etablierung. Mithilfe dieses Anreizes kann eine Gruppe von Schlüsselnutzern generiert werden, die der Plattform zukünftig zu noch weiteren Nutzern verhilft. Für diese Strategie lässt sich als Beispiel die elektronische Spielebranche heranziehen. Es gibt auf diesem Markt drei große Unternehmen (Microsoft – Xbox, Sony – Playstation, Nintendo – Wii), die sich als Spieleplattformen verstehen. Diese Plattformen eint, dass sie die Anbieter von Spielen mit den Abnehmern verbinden. Es gibt nun in der Spieleentwicklung einen großen Spielehersteller, der den Markt anführt: Electronic Arts. EA hält die Lizenzrechte an vielen Fußball, Eishockey und American Football Ligen und ist dadurch unverzichtbar für alle drei Konsolenhersteller. Ein Verlust der EA Spiele für die eigene Konsole würde erhebliche Verkaufseinbrüche bedeuten. In der Vergangenheit versuchte Xbox mit einem exklusiv für die Xbox erhältlichen Spiel, einen Anreiz bei den

Konsumenten zu schaffen, um sich für eine Xbox und gegen eine Playstation oder Wii zu entscheiden. Das Spiel Halo: Combat Evolved sorgte so für einen Verkaufszuwachs von hunderttausenden Konsolen und somit auch für zahlreiche neue Nutzer, welche weitere Dienste der Konsole nutzten (Parker, van Alstyne, Choudary 2017, 94-95). The marquee strategy lässt sich demnach hervorragend am Beispiel der Konsolenhersteller veranschaulichen, denn durch das Vorrecht am Spiel Halo hat sich Microsoft einen signifikanten Vorteil verschafft. Dieser führte wiederum dazu, dass mehr Konsolen der eigenen Marke verkauft wurden und die Konkurrenz geschwächt werden konnte.

Eine Plattform, die diese Strategie ebenfalls wählte, war die Dating App Tinder. Tinder identifizierte bestimmte Influencer an verschiedenen Universitätsstandorten und bewegte diese zu einer Anmeldung. Zu Beginn konzentrierte man sich auf Universitäten. Dadurch konnte man junge Nutzer gewinnen, die Tinder ihren Freunden weiterempfohlen haben (Reillier, Reillier 2017, 96).

Mit dieser Strategie gehen hohe Investitionen einher, denn zum einen muss man sich exklusive Rechte sichern und zum anderen sollten für bestimmte Personengruppen finanzielle Anreize geschaffen werden. Somit kann man davon ausgehen, dass sich diese Strategie für Plattformen mit geringem Kapital als ungeeignet erweisen wird.

The single-side strategy

Hierbei konzentriert man sich zu Beginn auf eine der beiden Seiten (entweder Anbieter oder Nutzer) und versucht dieser einen Vorteil zu verschaffen. Anfangs generiert man die ersten aktiven Nutzer, später wandelt man die Anwendung schließlich in eine Plattform um und erhält so eine weitere Zahl an Nutzern, die in Interaktion mit den ersten Nutzern treten möchte. So geschah es auch bei der Reservierungsplattform OpenTable. In einem ersten Schritt versuchte man, mit einer Lösung für das Reservierungsmanagement innerhalb des Restaurants möglichst viele Restaurants als Nutzer zu gewinnen. Als OpenTable dann genügend Restaurants mit der Software versorgte, stellte man das System auf eine Plattform um und ermöglichte Kunden die Reservierung online vorzunehmen. Man gewann schnell an Nutzern und konnte im Anschluss von den Restaurants eine Gebühr einheben (Parker, van Alstyne, Choudary 2017, 95-96; Evans, Schmalensee 2016, 9-12).

Diese Einführungsstrategie basiert auf einer Idee oder einem Geschäftsmodell, das in weiterer Folge zu einer Plattform modelliert wird. Die möglichen Ausgangslagen für diesen Schritt sind in Abbildung 10 detailliert beschrieben. Der Schritt zur Plattform ist je nach Ausgangslage mit unterschiedlichen Schwierigkeiten verbunden. Ist das Grundgeschäft wie im Beispiel Open Table bereits eine digitale Lösung, wird eine Umstellung in Richtung Plattformlösung einfacher möglich sein, aber auch für konventionelle nicht digitale Unternehmen kann diese Idee von Nutzen sein. Als Beispiel könnte man hier einen Händler von regionalen Lebensmitteln heranziehen. Dieser regional stationäre Händler eröffnet einen Onlineshop. Im nächsten Schritt gibt er auch anderen regionalen Lebensmittelhändlern die Chance, ihre Waren im Onlineshop anzubieten. Das führt dazu, dass nun das Angebot im Shop größer ist und an Kundenattraktivität gewinnt.

The producer evangelism strategy

Bei dieser Strategie setzt man den Fokus auf die Anbieter. Man erstellt eine Homepage, damit diese ihre Dienstleistungen oder Produkte dort anbieten können. Die so angebotenen Güter ziehen User an, die in weiterer Folge zu Nutzern der eigenen

Plattform werden. Als Beispiele hierfür gelten Kickstarter oder Indiegogo. Die beiden Crowdfunding-Homepages ermöglichen es Produzenten, ihre Produkte auf ihrer Webseite potenziellen Interessenten anzubieten. Diese angebotenen Produkte locken wiederum Nutzer auf die Homepage, wodurch die beiden Plattformunternehmen an Attraktivität für weitere Hersteller und damit auch für weitere Nutzer gewannen (Parker, van Alstyne, Choudary 2017, 96-97).

The big-bang adoption strategy

Diese Strategie gilt als die traditionelle Veröffentlichungsstrategie. Man versucht durch geschicktes Marketing eine möglichst hohe Aufmerksamkeit zu erzielen und so der eigenen Plattform ab dem Zeitpunkt der Veröffentlichung hohe Nutzerzahlen zu bescheren. Der Kurznachrichtendienst Twitter nutzte diese Strategie im Jahr 2007. Neun Monate nach der Veröffentlichung von Twitter waren die Nutzerzahlen noch wenig zufriedenstellend und so investierte man 11.000 USD, um am SXSW Festival zwei große Leinwände aufzustellen. Diese Leinwände waren interaktiv und konnten mittels SMS von den Besuchern live mit kurzen

Textnachrichten befüllt werden. Diese Marketingausgabe verhalf Twitter zu tausenden neuen Nutzern. Am Ende des Festivals konnte der Kurznachrichtendienst die Rate der täglichen Tweets von 20.000 auf 60.000 verdreifachen (Parker, van Alstyne, Choudary 2017, 97-98; Reillier, Reillier 2017, 96).

Uber nutzte bei der Erschließung neuer Städte eine Mischung aus der big-bang adoption Strategie und der single-side Strategie. Mittels traditioneller Werbung versuchte man neue Fahrer zu erreichen und von Uber zu überzeugen. Waren erst einmal genug Fahrer rekrutiert, konnte man den Kunden ein überzeugendes Angebot offerieren. Diese Veröffentlichungsstrategie kann man als traditionell bezeichnen, da man mit konventioneller Werbung und Eventmarketing versucht Aufmerksamkeit zu erlangen.

The micromarket strategy

The micromarket strategy besagt, dass man sich zu Beginn auf einen kleinen, bereits in Beziehung stehenden Nutzerkreis einschränkt. So können auch kleine Plattformen die typischen Charakteristika einer großen Plattform aufweisen. Facebook nutzte diese Strategie. Im Vergleich zu den damaligen, bereits bestehenden sozialen Netzwerken wie Myspace oder Friendster wuchs Facebook nämlich nur langsam. Der Vorteil, den Facebook nutzte, lag darin, dass allen Nutzern von Anfang an die Vorzüge von sozialen Netzwerken bekannt waren. Die Studenten der Harvard Universität kannten sich untereinander und so konnte Facebook eine aktive Community generieren. Bald wurden weitere Universitäten erschlossen und es konnten Freundschaften zwischen Studenten verschiedener Universitäten geschlossen werden (Parker, van Alstyne, Choudary 2017, 98-99).

Durch den Launch von Facebook ist die micromarket strategy wohl die bekannteste unter den Einführungsstrategien. Abgesehen von Facebook nutze aber auch Tinder diese Strategie, denn neben speziellen Influencern setzte man auch auf die Verbreitung über Universitäten (Reillier, Reillier 2017, 96). Diese Konzentration auf einen kleinen, eingeschränkten und vorab definierten Personenkreis führt dazu, dass man die Plattformen zu Beginn unter Kontrolle hält. Man kennt einen großen Teil der Nutzer und kann direkt mit ihnen in Kontakt treten und Feedback einholen. Dieses Feedback ist gerade in der

Entwicklungsphase einer neuen Plattform sehr wichtig, da man damit weitere Verbesserungen vornehmen kann, bevor man das globale Rollout plant. Dadurch hat man ein bereits getestetes und perfektioniertes Produkt, sobald man die Plattform für weitere Nutzer öffnet. Zusätzlich kann man die Plattform gezielt auf eine Personengruppe zuschneiden und sich klar gegenüber anderen Plattformen abgrenzen und am Markt positionieren.

Nutzergenerierung nach dem Launch

Nachdem eine anfängliche Masse an Nutzern generiert worden ist, kann die Plattform darauf hoffen, dass die bestehenden Anbieter und Konsumenten zusätzliche Nutzer anlocken. Zu den von der Plattform zuerst generierten Nutzern gesellen sich schließlich Konsumenten, die durch bereits bestehende Konsumenten auf die Plattform aufmerksam gemacht wurden. Ähnlich verhält es sich mit den Produzenten. Hier locken bereits an der Plattform anbietende Produzenten neue Produzenten an. Neben diesen Entwicklungen kann man aber auch Wechselwirkungen beobachten, nämlich solche, bei denen bestehende Produzenten neue Konsumenten anlocken sowie bestehende

Konsumenten neue Produzenten (Reillier, Reillier 2017, 108-110).

Eine Besonderheit bei der Generierung von neuen Nutzern ist, dass Plattformen den Zutritt für Gruppen an Zahlungen knüpfen können. Das bedeutet, dass der Nutzen für Plattformteilnehmer so hoch ist, dass diese gewillt sind, für den Zugang zur Plattform zu bezahlen. Dabei kann man die Zahlungen auch nur von einer Gruppe einheben, während die andere Gruppe kostenfrei teilnehmen darf. Ein Beispiel für so eine Plattform sind etwa digitale Marktplätze wie eBay und willhaben.at. Privatpersonen dürfen sich kostenfrei auf der Plattform registrieren, Gewerbetreibende müssen eine monatliche Gebühr für die Nutzung der Plattform zahlen. Allgemein lässt sich aber festhalten, dass der finanzielle Erfolg einer Plattform nicht an eine Einhebung von Nutzungsgebühren gebunden ist. Google verlangte von Nutzern nie Zahlungen für Suchergebnisse, sondern verkaufte Werbeflächen auf der Plattform (Evans, Schmalensee 2016, 93). In den meisten Fällen haben Plattformen eine Subventionsseite, auf der sie für jeden neuen Nutzer Geld verlieren und eine Geldseite, auf der die Plattform Gewinn macht (Evans, Schmalensee 2016, 94; Reillier,

Reillier 2017, 176). Bei Google unterscheidet man hier die organischen Suchergebnisse und bezahlte Suchergebnisse (Werbung) (Evans, Schmalensee 2016, 94).

Es lässt sich beobachten, dass eine klare Zuordnung zu einer Strategie oftmals sehr schwierig ist, da neue Plattformanbieter oftmals Mischformen verwenden.

Richtige Strategie

Allgemein lässt sich anhand der Vielfalt der möglichen Strategien erkennen, dass eine einzige Strategie selten den gewünschten Effekt bringt. Vielmehr kommt es bei der Wahl bezüglich der richtigen Einführungsstrategie auf den richtigen Mix an. Es liegt im Bereich des Strategieteams diese Taktiken zu kennen, zu evaluieren und einen für die eigene Plattform passenden Mix zu erstellen. Dabei ist es von besonderer Wichtigkeit, dass das Team während dem ganzen Strategiefindungsprozess den Anwender ins Zentrum stellt.

Der Strategiemix ist somit für jede Plattform individuell vorzunehmen und es gibt keinen universalen Strategifindungsprozess.

Bekannte Vertreter der Plattformökonomie

Die Plattformökonomie hat aktuell viele Vertreter – Tendenz stark steigend. In Tabelle eins findet man ein paar der bekanntesten Vertreter aufgelistet. Es werden im Folgenden drei Vertreter genauer dargestellt und umschrieben. Zum einen wird das Unternehmen Google betrachtet, welches sowohl als Betriebssystem als auch in anderen Geschäftszweigen als Plattform auftritt. Des Weiteren werden der Kurzzeitzimmervermittler Airbnb und der Fahrdienstleistungsvermittler Uber genannt. Diese beiden Unternehmen vereint, dass sie in ihren Branchen jeweils als weltweit größtes Unternehmen gelten, selber jedoch kein nennenswertes Anlagevermögen besitzen.

Google

Gegründet wurde Google im Jahre 1998 von Larry Page und Sergey Brin. Ursprünglich sollte Google als Onlinesuchmaschine Internetnutzern dabei helfen, sich im Netz zu orientieren. Über die Jahre hinweg vergrößerte das Unternehmen jedoch sein Angebot und etliche andere Geschäftsfelder kamen hinzu. Als eine der ersten Ergänzungen zur Google Suchmaschine lässt sich YouTube anführen. Diese

Onlinevideo-Plattform wurde im Jahre 2007 zugekauft (Reillier, Reillier 2017, 66). Ursprünglich wurde YouTube 2005 gegründet und konnte schon von Beginn an ein großes Wachstum an Nutzern verzeichnen. Binnen weniger Monate verdreifachten sich die Nutzerzahlen. Der Grundgedanke der Plattform war es, Leuten einen kostenlosen Austausch von Videomaterial zu ermöglichen, ohne dabei die Absicht zu verfolgen, Geld von den Nutzern einzuheben. Einnahmen wollte man durch verkauften Werbeplatz auf der Plattform lukrieren. Nur wenige Jahre später kaufte Google die Video-Plattform für 1,6 Milliarden USD auf (Evans, Schmalensee 2017, 75-76). Neben YouTube befinden sich mittlerweile viele andere Erweiterungen wie GoogleMail, GoogleMaps und Google flight information im Portfolio des Online-Riesen (Reillier, Reillier 2017, 66-69).

Eines der bekanntesten Google Produkte ist das Android Betriebssystem. Dieses kam im Jahr 2005 durch ein Investment von 50 Millionen USD zum Google-Imperium hinzu. Zu Beginn war für außenstehende Personen noch nicht klar erkenntlich, wieso genau das kleine Technik Start-up Android zu Google passen könnte. Doch schon nach wenigen Jahren war begreiflich, was Google aus Android machte: einen ernstzunehmenden Konkurrenten zum bestehenden IOS-System von Apple. Die beiden Produkte unterscheiden sich vor allem im Bereich der Lizensierung. Hier ging Apple den Weg der close-sourced Software, das heißt, lediglich Besitzer von Appleprodukten kommen in den Genuss des IOS Betriebssystems. Google hingegen wählte den open-sourced Ansatz und ermöglichte es jedem, den Quellcode des Android-Systems beliebig zu individualisieren. Google sah Android nicht als Einkunftsquelle, sondern als Möglichkeit, ihre eigenen Applikationen, Services und Werbemöglichkeiten zu vermehren (McAfee, Brynjolfsson 2017, 166). Somit dient das Android Betriebssystem als Mittel, um für die eigenen Anwendungen Nutzer zu generieren. Und tatsächlich sollte Google mit der offenen Umgangsweise Recht bekommen. Im dritten Quartal des Jahres 2016 waren 88% der verkauften Smartphones mit dem Android Betriebssystem ausgestattet. Dies könnte auch daran liegen, dass Google ein weniger zentralisiertes und reglementiertes System als Apple anbietet. Auf einem mit Android ausgerüsteten Smartphone kann man beispielsweise neben dem fix vorinstallierten Google Playstore auch von dritten unbekannten Quellen Applikationen installieren. Am von Apple verwendeten Betriebssystem ist das ausgeschlossen. Hier setzt Apple einzig und allein auf die im eigenen Store downloadbaren Anwendungen (McAfee, Brynjolfsson 2017, 166). Einen weiteren Vorteil, was die Vielfalt anbelangt, bietet Google im eigenen Store, denn im Vergleich zum Store des Konkurrenten werden hier mehr Apps angeboten (Evans, Schmalensee 2016, 119). Somit haben Android-Nutzer mehr Auswahl und können ihr Smartphone individueller gestalten.

In den Anfangsjahren war Google mit wenig Kritik konfrontiert und konnte sich über die Jahre hinweg gegen eine hohe Zahl an Konkurrenten durchsetzen. Mittlerweile ist Google Marktführer und muss sich sehr wohl einiger Kritik stellen. Bei ausgewählten Google-Suchanfragen wurden Google eigene Angebote hervorgehoben und an erster Position angezeigt. Die Marktstellung von Google kombiniert mit einer derartigen Bevorzugung eigener Anwendungen brachte viele Kritiker hervor. Diese warfen Google vor, seine Stellung für eigene Zwecke zu missbrauchen. Eine frühere Google Vice Präsidentin bestätigte diese Anschuldigen, gab aber zu bedenken, dass Google auch die gesamte Vorarbeit leisten musste (Reillier, Reillier 2017, 182).

Im Jahre 2015 unterzog sich Google einer Restrukturierung. Man unterteilte sämtliche Firmenaktivitäten in zwei Bereiche und gründete die Alphabet Inc. als Holding für die gesamten Konzerntätigkeiten. Einer der beiden Teilbereiche blieb Google mit allen bereits bestehenden digitalen Anwendungen. Im zweiten Bereich sammelt Google sämtliche zukünftigen Erfolgspotenziale. Anhand dieser Projekte lässt sich erkennen, worauf die digitale Reise in Zukunft zusteuert (Daum 2019, 84). Sorgten zu Beginn vor allem digitale Anwendungen bei Google für Interesse, so sind es mittlerweile auch physische. Im Jahre 2013 übernahm Google den Handyanbieter Motorola und dessen Portfolio. Zusätzlich arbeitet Google vor allem am Internet of Things. Neben selbstfahrenden Autos und Heimnetzwerklösungen stehen auch Investments in vielversprechende Sillicon Valley Start-ups im Fokus des Unternehmens (inklusive Uber) (Reillier, Reillier 2017, 67).

Die vergangenen Jahre haben gezeigt, dass Google längst nicht mehr als reine Suchmaschine zu verstehen ist. Vielmehr hat sich das Unternehmen zu einem ganzen Ökosystem für digitale, zukunftsorientierte Lösungen gewandelt (Reillier,

Reillier 2017, 66-69). Diese Wandlung verhalf Google dazu, sich als eines der wertvollsten Unternehmen der Welt zu positionieren (Daum 2019, 75).

Airbnb

Das Unternehmen Airbnb gilt neben Uber als eines der Vorzeigeunternehmen im Bereich der Sharing Economy sowie der Plattformökonomie. Gegründet wurde Airbnb im Jahre 2007 von Brian Chesky und Joe Gebbia. Der Grundgedanke für das Konzept ihrer Plattform kam den beiden Gründern während einer Designkonferenz in ihrem Heimatort San Francisco. Sie waren knapp bei Kassa und erfuhren, dass sämtliche Hotels über den Zeitraum der Konferenz ausgebucht waren. So kam ihnen die Idee, drei Luftmatratzen inklusive Frühstück in ihrem Loft zu einem Preis von je 80 USD zu vermieten. Kurzerhand erstellten sie eine Website mit der Domain airbedandbreakfast.com. Der erste Test verlief reibungslos und so entschlossen Chesky und Gebbia ihre Kurzzeitzimmervermietung auszubauen. Sie nahmen einen weiteren Freund, Nathan Blecharczyk, in ihr Team auf und schufen gemeinsam die Plattform Airbnb, so wie wir sie heute kennen (Reillier, Reillier 2017, 1-3; Daum 2019, 143). Nach anfänglichen Schwierigkeiten konnten die drei Jungunternehmer das benötigte Kapital zur Realisierung ihrer Plattform zusammentragen. Den heutigen Erfolg verdankt Airbnb vor allem drei Komponenten: einfach überwindbare Einstiegsbarrieren für Anbieter und Nutzer, ein effektives Matching Tool zur optimalen Verknüpfung von Anbietern und Nutzern sowie ein sicheres und einfaches Bezahlsystem. Nachdem diese drei Punkte von Airbnb erfüllt wurden, erfuhr das Unternehmen über die Jahre ein exponentielles Wachstum von 50.000 Unterkünften (2011) auf mehr als zwei Millionen (2016) (Reillier, Reillier 2017, 1-3).

Heute ist Airbnb in mehr als 34.000 Städten weltweit aktiv (Reillier, Reillier 2017, 1-3) und kann als erste globale Sharing Economy Plattform bezeichnet werden (Stone 2017, 17-19). Bis dato verzeichnete die Buchungsplattform über 35 Millionen Buchungen und erhielt eines der größten jemals getätigten Privatinvestments in Höhe von 1,5 Milliarden USD. Binnen kürzester Zeit überholten die Gründer mit ihrer Plattform sämtliche Hotelketten (zum Beispiel Wyndham, Intercontinental und Hyatt) und das, ohne eigene Immobilien vorweisen zu können (Reillier, Reillier 2017, 1-3). Eine Tatsache, die Airbnb mit Sicherheit auch zu diesem exponentiellen Wachstum verhalf, war das Timing. Im Jahr 2010 - nach der Finanzkrise - nutzen Touristen vermehrt das Internet, um billigere Reisedeals zu ergattern und so stießen mehr und mehr Nutzer auf Airbnb. Des Weiteren wurde im selben Jahr eine Applikation für iPhones veröffentlicht (Stone 2017, 103), die eine einfache Buchung über das Smartphone ermöglichte.

Gänzlich neu war die Idee von Airbnb zur Gründungszeit allerdings nicht. Ein anderes Unternehmen mit dem klingenden Namen couchsourfing.com wollte bereits im Jahr 2004 den Übernachtungssektor nachhaltig verändern. Genau wie bei Airbnb konnten sich auch bei couchsurfing.com Nutzer als Unterkunftgeber oder Unterkunftnehmer anmelden. Der einzige Unterschied zu Airbnb lag darin, dass couchsurfing.com auf einer Community basierte und für Mitglieder gänzlich kostenlos war. Diese ideologische Einstellung basiert auf einem viel stärkeren Gedanken des Teilens als Airbnb, jedoch konnte couchsurfing.com so nie längerfristig Programmierer anstellen und war immer auf freiwillige, unbezahlte Mithilfe angewiesen. Es mangelte an Kapital und Arbeitskraft. Aufgrund dieser Mängel und einer lockeren Führungsstruktur konnte sich couchsurfing.com nicht durchsetzen (Stone 2017, 78-81).

Im Gegensatz zu Facebook muss Airbnb auf Drittanbieter vertrauen, um seinen Kunden ein optimales Erlebnis offerieren zu können. Facebook als reiner online-only Userexperience-Anbieter kann zu gänzlich anderen Gestaltungsmitteln der Userexperience greifen als Airbnb mit einem mixed Ansatz. Dabei setzt Airbnb sowohl auf Feedback von Seiten der Reisenden, als auch auf Feedback von Seiten der Unterkunftgeber. Diese gegenseitige Bewertung soll dazu führen, dass sowohl Unterkunftgeber als auch Unterkunftnehmer sich gegenseitig vertrauen können. Positive Feedbacks führen außerdem dazu, dass bestimmte Unterkünfte vorgereiht und eher angezeigt werden als solche mit schlechterem Feedback (Reillier, Reillier 2017, 52).

Abbildung 9: Bewertungssystem Airbnb

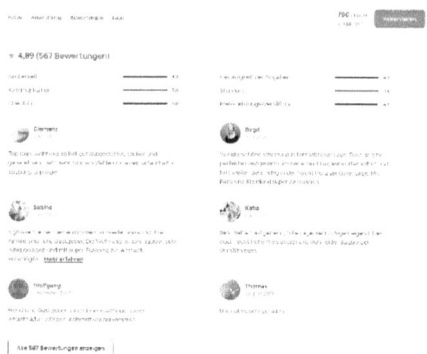

Quelle: Airbnb 2020, online

Die Abbildung oben zeigt das ausführliche Bewertungssystem einer Airbnb Unterkunft in der Stadt Salzburg. Mithilfe solcher Bewertungen will Airbnb bei Nutzern Vertrauen aufbauen und zu Buchungen bewegen. Diese Bewertungen sollen aber auch dazu dienen, dass Reisende sich vor der Buchung ein Bild von der Unterkunft machen können.

Uber

Uber entstand, ähnlich wie Airbnb, aufgrund eines nicht reibungslos funktionierenden Marktes. War es bei Airbnb der Markt an Beherbergungsbetrieben, der während einer Konferenz nicht in der Lage war, allen Gästen eine Unterkunft zu bieten (Reillier,

Reillier 2017, 1), so war der Auslöser für die Erfindung von Uber der überlastete Taximarkt in San Francisco um 2008. Die Tatsache, dass man als Fahrgast in San Francisco oft lange auf ein Taxi warten musste, das schlussendlich vielleicht gar nicht auftauchte, veranlasste Garrett Camp und Travis Kalanick dazu, Uber zu gründen. Die Idee dazu entnahmen die beiden dem James Bond Film Casino Royal. In diesem Film kann der Geheimagent allein durch einen kurzen Blick auf sein Handy sehen, wo sich sein Auto gerade befindet. Mithilfe neuer Smartphone-Technik, die damals am iPhone vorhanden war, programmierten Garrett und Kalanick ihre Applikation und boten sie Nutzern im Apple Play Store zum Download an. Das Smartphone funktionierte dank der installierten Applikation nunmehr als Taxometer und Geldbörse in einem. Der Taxifahrer kann Fahrten entgegennehmen und der Kunde kann bequem und einfach ein Taxi bestellen und dessen Position auf einer Karte nachverfolgen. Die Tatsache, dass der Taximarkt in San Francisco wegen fehlerhafter Regulierungen von Seiten der Politik nicht effizient genug war, verhalf Uber binnen kürzester Zeit zu neuen Passagieren und höheren Nutzerzahlen. Zwar gab es in San Francisco bereits vor der Einführung des neuen

Fahrdienstunternehmens Taxis ohne offizielle Lizenz, doch war es für diese eher schwer an Kunden zu kommen. Frauen hielten sich beispielsweise gänzlich von solchen Taxis fern aufgrund mangelnden Vertrauens, welches nur deshalb nicht bestand, weil sich diese Fahrer nicht als offizielle Taxis deklarieren durften. Uber schaffte es jedoch, das Problem der fehlenden Kunden auf der einen Seite und das Problem der fehlenden Taxis auf der anderen Seite zu lösen (Stone 2017, 39-49) und konnte außerdem seine Nutzer von der Sicherheit seiner Anwendungen überzeugen. Ähnlich wie Airbnb nutzt nämlich auch Uber ein ausgeklügeltes Trustsystem, das auf gegenseitiger Bewertung basiert.

Über die Jahre hinweg entwickelte sich Uber zum weltgrößten Fahrdienstleister. Mittlerweile hält das Unternehmen bei einem Firmenwert von 66 Milliarden USD, Daimler hat im Vergleich dazu 88 Milliarden USD Firmenwert. Täglich werden mit Uber in etwa eine Million Fahrten mit einem Gesamtwert von 11 Milliarden USD vermittelt. Anfang 2017 bot Uber seine Dienste in 450 Städten verteilt auf 70 Länder an (Daum 2019, 140).

Im Vergleich zu Airbnb hat Uber mit mehr Kritik und Streitigkeiten zu kämpfen. Mit der aggressiven Taktik, die das Unternehmen verfolgt, um sich auf Märkten zu etablieren und die immer wieder den gesetzlichen Regelungen trotzt (Stone 2017, 153-158), gehen viele Rechtsstreitigkeiten einher. In Deutschland beispielsweise sah sich Uber mit mehreren Rechtsstreitigkeiten konfrontiert und ist in gewissen Städten sogar gänzlich verboten (Daum 2019, 140). Die erste Expansion des Transportnetzwerkes fand in New York statt. Ähnlich wie in San Francisco war der Taximarkt in New York ebenfalls reguliert. Diese Tatsache hielt Uber jedoch nicht davon ab, sich dort niederzulassen. So wurde die erste Niederlassung außerhalb von San Francisco gegründet und Fahrer für Uber rekrutiert. Anfangs lief das Geschäft in New York nicht wie gewünscht an, doch nach anfänglichen Schwierigkeiten konnte auch an der Ostküste der USA die kritische Masse an Fahrern und Nutzern erreicht werden (Stone 2017, 153-159).

Die Problematik mit Uber und dem unfairen Wettbewerb hat bereits mehrere Städte und Länder erreicht. In Mailand wurde UberPop im Mai 2015 aufgrund unfairen Wettbewerbs verboten. Zu ähnlichen Problemen kam es auch in Schweden,

Spanien und Deutschland (Stone 2017, 300). In Paris versuchte Uber sich ebenfalls am Markt zu etablieren. Dort versuchte die Stadtverwaltung die Ausbreitung einzudämmen, indem sie UberPop vorschrieb, seine Kunden vor den Fahrten 15 Minuten warten zu lassen. Ein Gericht kippte jedoch diese Regelung, da Uber zu diesem Zeitpunkt nur mit zugelassenen Fahrern in Paris vertreten war. Für das Fahrdienstunternehmen bestand trotzdem eine Problematik, denn mit diesen lizensierten Fahrern konnte man nicht das gesamte Potenzial der App ausschöpfen. So entwickelte man UberPop, wodurch die Unterteilung des Unternehmens initiiert wurde und zwar in UberX (lizensierte Fahrer) und UberPop (unlizenzierte Fahrer). Daraufhin wuchs die Uber Anwendung mit unlizenzierten Fahrern solange an, bis sich der Streit mit konventionellen Taxis zuspitzte. Das Ministerium für Inneres in Frankreich sprach Geld- und Haftstrafen gegen die Uber-Niederlassung und deren Geschäftsführung in Paris aus, sodass Uber schließlich binnen kurzer Zeit die Möglichkeit auf Fahrten mit UberPop entfernte (Stone 2017, 299).

Anhand der zuvor beschriebenen Beispiele lässt sich erkennen, wie Uber auf regulierte Märkte drängt und es schafft, diese zu verändern. Dabei tritt das Personentransportunternehmen als Disruptator auf und verdrängt bereits bestehende Unternehmen am Markt. Möglich ist dies nur, weil Uber das bestehende System der Taxibestellung gänzlich revolutionierte. Musste man früher noch telefonisch um ein Taxi anfragen und hoffen, dass dieses einen auch abholte, funktioniert dies dank Uber nun völlig digital mit einer Echtzeitanzeige am Handy, die über den Standort des bestellten Taxis Auskunft gibt.

Zukünftiger Stellenwert

In den vergangenen Jahren konnten sich Smartphones global durchsetzen. Mit dieser Verbreitung ging einher, dass Technologien wie GPS, Videotelefonie und Mailservice nunmehr von jedem genutzt werden konnten (Daum 2019, 17). Außerdem eröffnete die steigende Dichte an Smartphones auch Plattformanbietern die Erschließung von neuen Märkten und Kundengruppen. Durch die stetige Verbreitung der neuesten Generation von Mobiltelefonen konnten zudem sowohl lokale als auch globale Netzwerke geknüpft werden und der Austausch von Informationen über Regionen hinweg vereinfachte sich.

Aufgrund der zunehmenden Digitalisierung mussten bestehende Unternehmen ihr Geschäftsmodell ändern. Bei dieser digitalen Transformation kann man prinzipiell vier Veränderungsprozesse erkennen, ersichtlich in Abbildung 10. (1) Der erste Veränderungsprozess beläuft sich auf traditionelle, lineare Unternehmen wie lokale Händler und Handwerker. Diese Gruppe machte den Schritt vom rein analogen Anbieter hin zum Anbieter mit eigenen digitalen Lösungen. Ein Beispiel hierfür ist etwa ein Restaurant mit einer eigenen Onlinereservierungsanwendung. (3) Der dritte Veränderungsprozess betrifft ebenfalls die lokalen Anbieter. Allerdings machen diese nicht den Schritt zur eigenen Onlineanwendung, sondern in Richtung Plattform und binden so direkt andere Unternehmen mit ein. (2) Schritt zwei zeigt den Weg von Unternehmen, die bereits als Onlinehändler deklariert werden. Diese Unternehmen versuchen ihre eigene Anwendung auch für andere Anbieter zu öffnen, um so zur Plattform zu werden. Das berühmteste Beispiel hierfür ist Amazon mit seinem Amazon Marketplace (vgl. 2.7.1). (4) Eine weitere interessante Entwicklung schlagen analoge Plattformen wie Einkaufszentren und traditionelle Dating Agenturen ein. Diese versuchen ihre analoge

Plattform digital aufzubereiten, um so mehr Kunden zu lukrieren und eine höhere Auswahl anbieten zu können (Reillier, Reillier 2017, 12).

Abbildung 10: Digitale Transformation von linear zu nicht linear

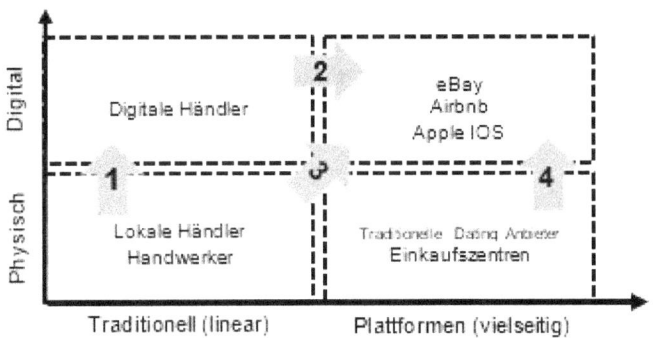

Quelle: Reillier, Reillier 2017, 12

Die angeführte Grafik veranschaulicht einen signifikanten Wandel der Märkte. Dieser wird sich durch die schnelleren Verbindungen (5G Netze) der Plattformteilnehmer in Kombination mit dem Moore´s law (exponentieller Fortschritt der Technologie) in den kommenden Jahren noch stärker wiederspiegeln (McAfee, Brynjolfsson 2017, 96-97). Zudem werden Plattformen zukünftig mehr und mehr traditionelle Unternehmen verdrängen, denn Plattformen besitzen, wie bereits erwähnt, den Drang zur Disruption. Die Beispiele für

Disruption von Onlineplattformen sind umfangreich und die Anzahl steigt stetig. Netflix revolutionierte beispielsweise das Fernsehen, Alibaba und Amazon verdrängen zunehmend den stationären Handel und Airbnb breitet sich rasant aus. All diese Plattformen eint, dass sie eine bessere Konsumentenerfahrung bieten als traditionelle Betriebe und dass zusätzliche Transaktionskosten wie Eintritte und Wegzeiten dabei entfallen (Goodwin 2018, 69-71). Ein zukunftsträchtiger Markt für Plattformanbieter sind Bezahlungsplattformen. Sie treten anstelle von Banken und verwalten eine digitale Währung. In Afrika haben bereits 37 Länder erfolgreich eine digitale Währung eingeführt. Ein Grund für diesen Erfolg besteht mit Sicherheit in der Tatsache, dass in afrikanischen Ländern die Infrastruktur für ein sicheres Bankennetz oftmals nicht gegeben ist. Durch die digitalen Währungen wird es Farmern, Angestellten und Händlern ermöglicht, ohne nennenswerten Aufwand miteinander in Transaktion zu treten (Evans, Schmalensee 2016, 180-182). Grundsätzlich wurde die Einführung der digitalen Währung durch die Verbreitung von Smartphones und den stetigen Netzausbau in die Wege geleitet. Mittlerweile sind Plattformen ohne

Zweifel ein wichtiger Bestandteil unseres Wirtschafssystems (Evans, Schmalensee 2016, 205).

Durch den Ausbau der Handynetze und aufgrund der stetigen Steigerung der Verkaufszahlen von Smartphones wird der Stellenwert von Plattformen vermutlich weiterwachsen. Betrachtet man das Dossier von Statista zum Thema Airbnb, lässt sich erkennen, dass Prognosen dem Unternehmen ein Umsatzwachstum von € 78,8 Milliarden im Jahr 2017 auf € 97,01 Milliarden im Jahr 2023 vorhersagen (Statista 2020, online). Diese Steigerung des Umsatzes lässt sich außerdem mit einer Befragung von 2.047 Personen aus Deutschland belegen. Im Zuge dessen wurden die Teilnehmer danach befragt, ob sie schon einmal ein Sharing-Angebot genutzt hätten oder ob sie vorhätten, dieses in Zukunft zu nutzen. 19 % der Befragten gaben an, bereits Sharing-Angebote zu nutzen beziehungsweise bereits genutzt zu haben. Weitere 19 % der Befragten haben noch kein Sharing-Angebot genutzt, möchten aber zukünftig ein solches Angebot in Anspruch nehmen (YouGov 2020, online). Dadurch lässt sich ableiten, dass die Nachfrage nach Plattformlösungen noch nicht gesättigt ist und in den kommenden Jahren weiterwachsen wird.

Es ist davon auszugehen, dass der Stellenwert der Plattformökonomie zukünftig weiter steigen wird, denn die Zahlen und Trends bestätigen, dass die Plattformökonomie und die ihr zuzurechnenden Unternehmen aktuell im Trend liegen. Es lässt sich auch aus aktueller Sicht kein Rückgang am Interesse bezüglich Plattformanbietern feststellen. Somit liegt die Vermutung nahe, dass in den nächsten Jahren weitere Plattformanbieter an Popularität gewinnen und sich in die Öffentlichkeit drängen werden. In Verbindung mit bereits etablierten Plattformanbietern werden zukünftig Schritt für Schritt die herkömmlichen Pipelineanbieter verdrängt werden.

Verbindung Plattformökonomie & Sharing Economy

Der Begriff Plattformökonomie wurde bereits im vorangegangenen Teil des Buches detailliert beschrieben. Der folgende Unterpunkt soll nun aufgreifen, wie und wo die Verbindung der Plattformökonomie zur Sharing Economy liegt.

Die Begriffe Sharing Economy und Plattformökonomie sind in modernen Zeiten stark miteinander verbunden. Der wissenschaftliche

Fortschritt und die neuen technischen Möglichkeiten durch Plattformlösungen, die von überall auf der Welt ohne nennenswerte Einstiegsbarrieren genutzt werden können, haben der Sharing Economy in den vergangenen Jahren frischen Aufwind gegeben. Sharing Economy Plattformen arbeiten meist mit einem Peer-to-Peer oder auch Consumer-to-Consumer System. Dabei bilden die Plattformanbieter, wie bereits erwähnt, lediglich den Ausgangspunkt für die Transaktionen zwischen Anbietern und Konsumenten. Die Plattformbetreiber stellen hierbei die nötige Homepage oder App zur Verfügung und die restliche Dienstleistung bzw. das Angebot (Fahrten, Übernachtungen, Arbeitsleistung, Informationen etc.) wird von unabhängigen privaten Anbietern durchgeführt. (Puschmann, Alt 2016, 93-99). Dieses Consumer-to-Consumer System ist es, welches der Sharing Economy aktuell Auftrieb gibt. Mittlerweile gibt es viele Onlinemarktplätze, die es jedem ermöglichen, seine privaten, nicht mehr in Verwendung befindlichen Gebrauchsgegenstände, sonstige Waren oder Dienstleistungen online an fremde Dritte zu verkaufen. Ähnlich funktioniert dies mit nicht genutztem Wohnraum. Dieser kann nun ohne großen Aufwand über eine App oder eine Homepage an Touristen aus der Ferne vermietet werden. Während früher noch Beziehungen, räumliche Nähe und/oder persönlicher Kontakt unter den analogen Nutzern der Sharing Economy notwendig waren, kann man heute als Privatperson mithilfe der Plattformökonomie seine Waren über das Internet an völlig fremde Personen verkaufen und das mit nur sehr geringen Transaktionskosten. Für die Käufer liegt der Nutzen darin, dass man oft äquivalente Waren oder Dienstleistungen zu einem günstigeren Preis erhält, als dies bei gewerblichen Anbietern der Fall wäre. Es lässt sich also erkennen, dass die neuen digitalen Plattformen den Mittelpunkt der modernen Sharing Economy bilden (Reillier, Reillier 2017, 16).

Die Kombination aus Plattformökonomie und fortschreitender Technologie, verhalf der Sharing Economy in den vergangenen Jahren zu einem Aufschwung. Mit der Hilfe von neuen Plattformlösungen konnten unterschiedlichste Onlinemarktplätze für Personen mit verschiedenen Interessen geschaffen werden (Freizeitartikel, Fahrzeuge, Wohnungen etc.). Diese Plattformen können Privatpersonen ohne große Einstiegsbarrieren nutzen, um miteinander in Beziehungen zu treten und privates Eigentum kann vermietet, verkauft oder verliehen werden, was in weiterer Folge zur Steigerung der gesamten Produktivität führt.

Veränderungen durch die Plattformökonomie

Digitale Plattformen weisen ein hohes Potenzial zur Disruption auf (Drewel et al. 2019, 3). Diese neue Form der Ökonomie kann zum einen neue Anwendungen zum Vorschein bringen (Evans, Schmalensee 2016, 7-9), zum anderen aber auch bestehende traditionelle Anbieter verunsichern (Parker, van Alstyne, Choudary 2017, 21-25). Nun sollen konkrete Beispiele für Veränderungsprozesse angeführt werden. Im ersten Unterpunkt wird die Veränderung in der Customer Journey beschrieben. In einem ersten Zwischenschritt kann so gezeigt werden, dass der stationäre Handel vom Onlinehandel derartig unter Druck gesetzt wurde, dass man dort mittlerweile eine komplexe Vermischung aller Kanäle (stationärer Handel, Onlineshop und Plattformlösungen) beobachten kann.

Veränderungen im Konsumentenverhalten

Eine große Veränderung in privaten Abläufen stellt die Tatsache dar, dass immer mehr Produkte über Onlineplattformen bezogen werden. Am Beispiel Amazon lässt sich erkennen, dass in den vergangenen Jahren allein der weltweite Umsatz des Unternehmens auf über 87 Milliarden USD gewachsen ist (Amazon 2020, online). Durch die Plattformökonomie ändert sich jedoch nicht nur der Ort, an dem der Kauf getätigt wird, sondern auch die Abläufe, wie Kunden Kaufentscheidungen treffen.

Der Handel spürte als eine der ersten Branchen die Auswirkungen der Plattformökonomie. Wissenschaftler sagten dem stationären Handel bis vor wenigen Jahren ein gänzliches Verschwinden voraus. Mittlerweile zeigen empirische Forschungen in Kombination mit praktischen Erfahrungen, dass diese These falsch war, denn der stationäre Handel kann im Vergleich zum Onlinehandel mit anderen Stärken trumpfen. So erfährt man im herkömmlichen Handel beispielsweise die soziale Interaktion mit einem Berater und die Erfahrung des Einkaufens wird überdies mit einer Art

Erlebnis verknüpft. Der stationäre Handel schaffte es allerdings trotzdem nicht, zur Gänze vom Wachstum der Plattformökonomie verschont zu bleiben. Im Laufe der Zeit hat sich eine Kombination von online und offline etabliert, das sogenannte Omnichannel-Retailing. Hierbei werden sämtliche Verkaufskanäle verknüpft und es wird versucht, dem Kunden ein optimiertes Einkaufserlebnis zu bieten (Zimmermann, Westermann 2020, 3-4). Im Omnichannel-Retailing nutzt man die Vorteile der beiden Kanäle und versucht so, die Defizite der einzelnen Vertriebskanäle auszugleichen.

Durch diese neuartige Verknüpfung von Online- und Offlinekanälen erhält man eine neuartige Form der Customer Journey. Im Folgenden sollen drei Grafiken beschreiben, wie sich die Customer Journey über die Jahre unter Berücksichtigung des technischen Fortschritts verändert hat.

Abbildung 11: Customer Journey vor Onlinehandel

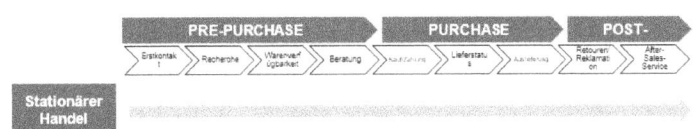

Quelle: In Anlehnung an Zimmermann, Westermann 2020, 7

Die Abbildung elf beschreibt die Customer Journey zu einer Zeit, bevor es Onlineplattformen oder Onlinehändler gab, als Kunden also noch auf den stationären Handel angewiesen waren. Sämtliche Schritte von der Vorkaufs-Phase bis zur Nachkaufs-Phase mussten über den stationären Handel abgewickelt werden. In der nächsten Grafik wird nun der stationäre Handel um einen Onlineshop erweitert. Dadurch lässt sich erkennen, wie sich eine mögliche Customer Journey verändert hat.

Abbildung 12: Customer Journey in Verbindung mit einem Onlineshop

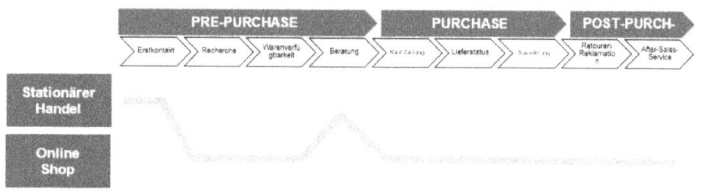

Quelle: In Anlehnung an Zimmermann, Westermann 2020, 7

Die oben angeführte Abbildung zwölf veranschaulicht, wie sich die Customer Journey weiterentwickelt, sobald Onlineshops als zusätzliche Bezugsquelle berücksichtigt werden. Kunden kommen vermutlich dennoch im stationären Handel in Erstkontakt mit dem Produkt, allerdings haben sie nun die Möglichkeit, sich zusätzlich in einem Onlineshop über das

Produkt zu informieren und die Verfügbarkeit zu prüfen. Bevor sie sich jedoch für den Kauf des Produktes entscheiden, nutzen sie den Vorteil des stationären Handels mit seiner umfassenden und ausführlichen Beratung. Die Kaufentscheidung wird schließlich aber nicht im Geschäft, sondern zu Hause im Onlineshop gefällt. Eventuell kann dieser das Produkt zu einem günstigeren Preis anbieten, da ein Onlineshop im Vergleich zum stationären Handel weniger Fixkosten aufweist. Durch die Berücksichtigung des Onlineshops ergibt sich eine Änderung der Customer Journey. Kunden sind nicht mehr länger gezwungen, im stationären Handel alle Informationen einzuholen und zu kaufen, sondern können die Vorteile aus beiden Bereichen miteinander verbinden: die persönliche Beratung von Verkäufern im stationären Handel und den billigeren Preis über den Onlineshop.

Abbildung 13: Customer Journey mit Plattformökonomie und Onlineshop

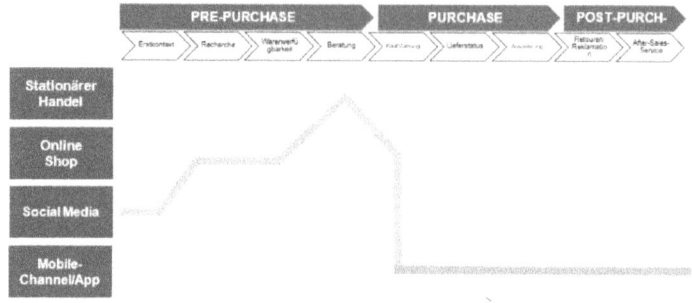

Quelle: In Anlehnung an Zimmermann, Westermann 2020, 7

Berücksichtigt man nun zusätzlich zum Onlineshop auch Plattformlösungen wie Social Media oder Mobile Apps, verändert sich die Customer Journey abermals. Vermutlich wird sich der Erstkontakt mit dem Produkt vom stationären Handel Richtung Social Media verlagern, wo Influencer oder Werbeschaltungen den potenziellen Kunden auf das Produkt aufmerksam machen. Wurde erst einmal das Interesse beim Käufer geweckt, wird dieser aller Wahrscheinlichkeit nach weitere Informationen bequem von seinem Endgerät (Computer, Tablet oder Handy) aus einholen. Bei dieser Variante der Informationssuche kommt es für den Käufer zu sehr geringen Opportunitätskosten, da er keinen großen Zeitverlust in Kauf nehmen muss. Ebenso müssen keine Wegstrecken zum lokalen Store zurückgelegt werden. Hat der Käufer schließlich genug Erstinformationen erhalten, kann er direkt auf der Homepage den Warenbestand überprüfen. Ist sich der Käufer hingegen noch unschlüssig oder benötigt weitere Informationen zum Produkt, wird er dafür den stationären Handel aufsuchen. Hier erhält er dann von einem Verkaufsberater die letzten Informationen und kann im Anschluss seinen Kauf tätigen. Wurde der Kauf getätigt (dabei spielt es keine Rolle, ob im Onlineshop oder im stationären Handel), kommt eine weitere Plattformlösung zum Tragen. Mit dem Kauf erhält der Kunde nämlich Zugang zu einer Onlineplattform, die es ihm ermöglicht, den Lieferstatus seiner Ware zu überprüfen. Ist das Produkt zugestellt, bietet die Plattform noch weitere Möglichkeiten wie beispielsweise eine Vernetzung mit anderen Käufern zum Austausch von Informationen. Zusätzlich werden in der App gegebenenfalls Reklamationen und Retournierungen bearbeitet. Im besten Fall ist der Käufer jedoch mit der Kaufentscheidung zufrieden, teilt dies in einem Bericht über eine Social Media Plattform und erstellt so einen neuen Anknüpfungspunkt für zukünftige Käufer, die durch den Beitrag in Erstkontakt mit dem Produkt kommen.

Für diesen Wechsel der Kanäle verwendet man den Begriff „Channel hopping". Durch das Channel hopping entstehen verschiedene Verhaltensmuster der Käufer. Folgende Kombinationen können dabei beobachtet werden:

- Recherche offline, Kauf online
- Recherche online, Kauf offline
- Kauf online, Lieferung offline
- Reservierung online, Kauf offline
- Kauf online, Umtausch/Rückgabe offline
- Aus dem Offline-Store, online bestellen/bestellen lassen

Diese Kombinationen geschickt miteinander zu verknüpfen und dem Kunden ein Maximum an Freiheit und Qualität zu liefern, ist ein essenzieller Teil des Omnichannel Marketing (Zimmermann, Westermann 2020, 9ff).

Neben den Veränderungen im Kaufverhalten von Privatpersonen gibt es auch Veränderungen in der Fortbewegung. Wie bereits erwähnt, entstehen nicht nur neue Personenbeförderer, sondern auch der Sharing-Gedanke wird durch die neuen Lösungen unterstützt (Puschmann, Alt 2016, 93-

99). Die ersten Car-Sharing-Anbieter entstanden um 1980. Bei der Gründung dieser Anbieter standen Ideen wie Kostenreduktion für den Einzelnen und eine bessere Nutzung der Ressourcen im Mittelpunkt. Über die Jahre blieb das Car-Sharing jedoch ein Nischenprodukt. Das liegt vermutlich daran, dass die Verwendung eines Station-based Car-Sharing-Anbieters für den Kunden mit hohen zusätzlichen Aufwendungen behaftet ist. So muss der Kunde beispielsweise immer vor Fahrtantritt zu einer Station und sich das Fahrzeug abholen. Nach Erledigung der Fahrt muss das Fahrzeug wieder bei der Station abgegeben werden und man kann die Heimreise antreten. Diese Umständlichkeit ist dafür ausschlaggebend, dass Kunden das Station-based Car-Sharing-Angebot meiden, denn diese ziehen flexiblere Lösungen vor. Durch den technischen Fortschritt ist es heutzutage möglich, den Kunden ein free-floating Car-Sharing anzubieten. Diese Form ermöglicht es den Kunden, das Fahrzeug in jeder freien Parklücke abzustellen. Dadurch erspart man sich die Heimreise von der Abgabestation und das Auto kann im besten Fall direkt vor der Haustür geparkt werden. Diese Art des Car-Sharings benötigt jedoch, im Vergleich zum Station-based-Sharing, eine digitale Lösung, um den

Kunden laufend mitteilen zu können, wo sich Autos in seiner Nähe befinden. Denn nur so kann der Kunde die Autos auch buchen und in weiterer Folge nutzen (Kopp, Gerike, Axhausen 2015, 449-469).

Änderungen am Arbeitsmarkt

Die Veränderungen im Konsumentenverhalten führten dazu, dass sich auch am Arbeitsmarkt Veränderungen ergaben. Diese durch Plattformen ausgelösten Entwicklungen zogen oftmals gerichtliche Auseinandersetzungen oder gar längere Gerichtsverfahren nach sich. Ein Beispiel für ein besonders aggressiv diruptives Plattformunternehmen ist Uber. Wie bereits im Unterpunkt 2.8.3 beschrieben, setzt sich Uber bewusst über Gesetze und Verordnungen hinweg (Stone 2017, 153-158) und riskiert so immer wieder Strafanzeigen und Gerichtsverfahren.

Das neuartige Konzept von Uber, das Taxibestellungen via Smartphone ermöglicht, versetzt die Taxibranche aktuell in Aufruhr. Denn durch die digitale, direkte Bestellung der Taxis werden Taxizentralen und deren Mitarbeiter überflüssig (Daum 2019, 141). Weiters müssen Uber-Fahrer keine Nachweise über die Eignung und Erfüllung der rechtlichen Vorschriften vorlegen, was wiederum dazu führt, dass viele Migranten Uber als Einnahmequelle nutzen. Diese Sozialschicht ist froh, eine Einnahmequelle abseits der staatlichen Zahlungen gefunden zu haben und ist außerdem dazu bereit, über die gesetzlich regulierten Stunden maximaler Arbeitszeit hinaus zu arbeiten (Stone 2017, 297). Die Uber-Fahrer sind der Plattform aber auch gnadenlos ausgeliefert. Wie bereits erwähnt, haben Plattformen wie Uber vor allem den Vorteil für Kunden, dass sie kostengünstiger sind als traditionelle Anbieter. Dies ist deshalb möglich, da das Unternehmen durch den digitalen Auftritt auch die Option hat, Preise flexibler zu gestalten und diese an Angebot und Nachfrage anzupassen (Reillier, Reillier 2017, 176; Stone 2017, 318-319). Derartige Senkungen können dann etwa auch unangekündigt von der Anwendung vorgenommen werden und haben verheerende Auswirkungen auf die Fahrer. Diese müssen auf einmal mit den verminderten sowie ständig variierenden Einnahmen, dieselben Fixkosten oder andere Ausgaben decken.

Ein weiterer Punkt, der von Plattformen nur bedingt berücksichtigt wird, ist jener, dass die angemeldeten Plattformnutzer in der Regel als selbstständig Tätige anzusehen sind. Aufgrund dieser Tatsache müssen sich die Anbieter auch um die ordnungsgemäße Abführung von Steuern und Abgaben kümmern und nicht, wie bei einem normalen Dienstverhältnis üblich, die Plattform. Diese ordnungsgemäße Abfuhr beinhaltet neben Steuern (Einkommensteuer, Umsatzsteuer und Kommunalsteuer) auch Sozialabgaben an Krankenkassen und Kammerumlage. Sollte es von den registrierten Nutzern zu Einnahmen durch die Plattformanwendung kommen, müssen diese Abgaben zwingend gemeldet und gegebenenfalls abgeführt werden.

Nachdem die Plattformunternehmen nur die Plattform für die Vermittlungen zwischen Dritten zur Verfügung stellen, kommen diese Unternehmen auch mit weniger Mitarbeitern aus als vergleichbare Pipeline-Unternehmen. Im Jahr 2016 konnte das 1940 gegründete Franchiseunternehmen McDonald´s mit 375.000 Mitarbeitern einen Umsatz von etwa € 24,6 Milliarden (eigene Berechnung) erzielen. Das entspricht € 65.600 pro Mitarbeiter. Das 2004 gegründete Social Media Unternehmen Facebook erreichte mit vergleichsweise wenigen Mitarbeitern (17.000) einen Umsatz von € 1.626.000 pro Mitarbeiter. Rechnet man diesen Umsatz pro

Mitarbeiter auf das Firmenergebnis auf, ergibt sich ein Umsatz von € 93,2 Milliarden (eigene Berechnung) (Daum 2019, 126).

Diese Beispiele zeigen einen Trend am Arbeitsmarkt. Zum einen gibt es traditionelle große Betriebe, die aber im Vergleich zu modernen Plattformen mit mehr Mitarbeitern weniger Umsatz machen. Dem gegenüber stehen moderne Plattformen mit wenigen Mitarbeitern und einem hohen Umsatz. Daraus lässt sich ableiten, dass moderne, als Plattform organisierte Unternehmen zukünftig für weniger Arbeitsplätze sorgen als verdrängte traditionelle Anbieter. Zudem kann man erkennen, dass Plattformanbieter sich nicht um die Abfuhr gesetzlich vorgeschriebener Zahlungen kümmern, sondern diese Aufgabe an die Dienstleister übergeben. Die Plattformen können sich hier ihrer Verantwortung entziehen, indem sie den Dienstleistern eine Gutschrift für geleistete Dienste stellen

KONFLIKT
AIRBNB & STADT SALZBURG

Der folgende zweite Teil der Abhandlung soll sich damit auseinandersetzen, wie sich Plattformlösungen, im speziellen Airbnb, auf die Stadt Salzburg auswirken. Grundlage für diesen Teil bildet die Studie von einem Forscherteam rund um Ass.-Prof. Dr. Christian Smigiel. Die Studie zeigt die Auswirkungen von Airbnb auf den Salzburger Wohnungsmarkt, thematisiert Motive der Anbieter und zeigt die räumliche Ausprägung im Stadtgebiet (Smigiel et al. 2019, 153).

Wirtschaft in der Stadt Salzburg

Gemessen an den unselbstständig Beschäftigten kann man die Stadt Salzburg klar als Dienstleistungsstadt deklarieren. Gerade einmal 108 (primäre) und 12.497 (sekundäre) von 101.501 Beschäftigten arbeiteten nicht im tertiären Wirtschaftssektor. Im Dienstleistungssektor (88.896 Beschäftigte) sind vor allem die Sparten Handel, Gesundheitswesen und unternehmensnahe

Dienste hervorzuheben. Der Beherbergungs- und Gastronomiebereich liegt mit 6.891 Beschäftigen im Mittelfeld (Stadt Salzburg 2020, 32). Die Anzahl an Hotelbetrieben und ähnlichen Unternehmen liegt seit 2008 konstant bei etwa 120 Betrieben, dabei hat sich jedoch die Bettenanzahl im selben Zeitraum um 2.650 erhöht (eigene Berechnung). Neben den Betten stiegen auch die Zahlen an Ankünften und Übernachtungen pro Jahr im Stadtgebiet konstant an. Verzeichnete die Stadt im Jahre 2008 noch 1.148.626 Ankünfte, waren es zehn Jahre später bereits 1.821.303; so steigerte sich auch die Zahl der Übernachtungen. Diese stieg im selben Zeitraum von 2.106.472 auf 3.141.005 an (Stadt Salzburg 2020, 77).

Diese Zahlen belegen, dass die Stadt Salzburg stark vom Tourismus- und Beherbergungssektor abhängig ist. Viele zusätzliche Veranstaltungen, Messen und Kongresse locken neben Touristen auch Berufstätige unterschiedlichster Gruppen nach Salzburg (Stadt Salzburg 2020, 36-37).

Konflikte von Plattformen in urbanen Gebieten

Wie bereits im ersten Teil erwähnt, kommt es durch die digitalen Plattformen immer wieder zu Rechtskonflikten. Gerade urbane Gebiete sind für Plattformen sehr attraktiv, da hier viele Personen auf engem Raum leben und man dadurch schneller die notwendige Masse an Nutzern und Anbietern generieren kann.

Als Beispiel für einen Konflikt kann man den Rechtsstreit zwischen Taxilenkern und UberPop in Frankfurt anführen. Die Taxifahrer fühlten sich, ähnlich wie in anderen Städten, von Uber zu einem unfairen Wettkampf herausgefordert. Die Rechtsstreitigkeit wurde dem Frankfurter Landesgericht vorgelegt und dieses untersagte 2015 UberPop den Betrieb in ganz Deutschland, da UberPop gegen das Personenbeförderungsgesetz verstößt und somit rechtswidrig agiert (Landgericht Frankfurt 2019).

Neben Uber sorgt auch Airbnb immer wieder für Konflikte. Hier geht es vor allem um die künstliche Verknappung von Wohnraum durch Kurzzeitzimmervermietung. In Berlin, wo in den frühen 2000er Jahren ein Großteil der öffentlichen Wohnungen an Private verkauft wurde, kann man beobachten, welche Auswirkungen politische Regulierungen auf Plattformen haben können. Seit Mai 2014 ist es in der deutschen Bundeshauptstadt gesetzlich verboten, eine Wohnung für touristische Zwecke zu vermieten, es sei denn, man habe eine Genehmigung. Trotz des Verbots zeigt sich, dass immer noch Wohnungen zur Kurzzeitmiete verfügbar sind, auch wenn sich die Anzahl der angebotenen Wohnungen anfänglich drastisch vermindert hat von 11.000 auf 6.700 im März 2016. Ein Jahr später waren hingegen wieder 10.285 Wohnungen verfügbar. Dieser neuerliche Anstieg ist auf die mangelnde Kontrolle von Seiten der Stadt Berlin zurückzuführen (Daum 2019, 145-147).

Anhand des Beispiels von Airbnb zeigt sich, dass im urbanen Bereich die Regulierung von Plattformen sehr schwierig ist. Die Plattformen formieren sich im Internet und sind anfangs noch unbekannt. Erst wenn sie einmal eine Größe und einen gewissen medialen Bekanntheitsgrad erreicht haben, zeigt sich, welche unfairen Wettbewerbsvorteile von den Plattformen genutzt werden. Bis die Politik Regulierungsentscheidungen trifft und Gerichte die Klagen über unrechtmäßige Vorteile bearbeitet haben, vergehen oftmals Jahre. Jahre, in denen bestehende Betriebe mit Einbußen zu rechnen haben und diese auch kompensieren müssen.

Rechtliche Lage in der Stadt Salzburg

Rechtlich sind sowohl das Taxi- und Mietwagengewerbe als auch das Hotellerie Gewerbe reguliert. Neben brandschutztechnischen Bestimmungen, Gewerbebestimmungen, steuerrechtlichen Gesetzen und vielem mehr unterliegen diese beiden Gewerbe in der Stadt Salzburg auch den branchenspezifischen Gesetzen/Verordnungen für das Bundesland Salzburg. Zum einen gilt die Salzburger Taxi-, Mietwagen- und Gästewagen-Betriebsordnung, zum anderen das Salzburger Nächtigungsabgabengesetz.

Diese beiden Gesetzestexte regulieren auch Plattformen wie Airbnb und Uber mit ihrem Betrieb innerhalb der Landeshauptstadt Salzburg. Im Weiteren wird thematisiert, wo diese beiden Plattformen in der Stadt Salzburg in Konflikt mit dem geltenden Recht kommen und wie die Politik versucht, unrechtmäßige Wettbewerbsvorteile aus dem Weg zu räumen.

Die Salzburger Taxi-, Mietwagen- und Gästewagen-Betriebsordnung regelt im ersten Abschnitt §1 bis §13 allgemeine Grundsätze wie Geltungsbereich, Ausstattung der Fahrzeuge, den Fahrbetrieb und verschiedene Transportunterarten. Die im Paragrafen zwei geregelte Ausstattung der Fahrzeuge schreibt vor, dass nur mit Fahrzeugen der Emissionsnorm Euro sechs und höher dem Taxigewerbe nachgegangen werden darf. Die Einhaltung dessen wird auch behördlich kontrolliert und gegebenenfalls wird die Ausübung des Gewerbes untersagt. Hier könnte schon der erste Konflikt entstehen, denn Uber-Fahrer werden durch eine Registrierung innerhalb der App zum Fahrdienstleister und müssen sich dieser Verordnung unterwerfen. Somit müssten die Fahrer alle Anforderungen, die in der Verordnung vorgeschrieben werden, erfüllen und bei der Behörde um eine Genehmigung ansuchen. Dies wird jedoch in den seltensten Fällen passieren, da die Applikation darauf nicht explizit hinweist. Die Salzburger Taxi-, Mietwagen- und Gästewagen-Betriebsordnung verweist im §43a außerdem auf weitere, für die Ausübung des Personenbeförderungsgewerbes gültige Bundesgesetze wie das Kraftfahrgesetz 1967, das Maß- und Eichgesetz, das Sicherheitspolizeigesetz und die Straßenverkehrsordnung 1960. Nun lässt sich erkennen, dass man mit einer vermeintlich einfachen und gut gemeinten Registrierung auf der Plattform Uber als Fahrer große Verpflichtungen eingeht, im Zuge derer sich einem viele Möglichkeiten für potenzielle Gesetzeswidrigkeiten eröffnen.

Am Salzburger Nächtigungsabgabengesetz kann man erste Versuche der Politik erkennen, die Plattformökonomie, im speziellen Airbnb, in Salzburg einzudämmen und so einen faireren Wettkampf mit traditionellen Beherbergungsbetrieben zu gewährleisten. Im §9 ist hier erstmals die neu überarbeitete Anzeigepflicht verankert. Im §9 (1) ist geregelt, dass sich Unterkunftsanbieter bei der Abgabenbehörde vor der Zurverfügungstellung einer Unterkunft mit Name, Wohnadresse und Adresse der Unterkunft melden müssen. Im folgenden Absatz zwei findet man die Regelung, die besagt, dass die Abgabenbehörde ein Register pro Gemeinde mit abgabepflichtigen Unterkünften führt. Bei einem Neuantrag muss sich der Unterkunftbesitzer melden, der im Gegenzug eine Registrierungsnummer erhält und fortan auf der Homepage der Gemeinde im öffentlich einsichtigen

Register geführt wird. Dass dieses neue Gesetz speziell auf noch nicht registrierte und verdeckt agierende Kurzzeitzimmervermietungen abzielt, zeigt sich im §9 (5). Dieser Absatz besagt, dass bereits bestehende Unterkunftgeber, die bereits Ort- oder Kurtaxe abführen, nicht der Anzeigepflicht gemäß §9 (1) unterliegen. Für diese bereits bei der Behörde bekannten Unterkünfte wird die neue notwendige Registrierungsnummer von Amtswegen vergeben.

Durch das Beispiel von Uber zeigt sich, dass eine vermeintlich einfache Registrierung auf einer Plattform oftmals mit großen, komplexen Verpflichtungen einhergeht. Jemand, der sich kurzerhand auf der Plattform registriert, um damit sein Einkommen aufzubessern, wird sich kaum mit den gesetzlich gültigen Regelungen auseinandersetzen. Diese Regelungen werden in der Applikation auch nicht genannt oder von Uber vor der Vergabe von Aufträgen abverlangt. Das Unternehmen überlässt diese Aufgabe dem Neukunden. Anhand der Änderungen im Salzburger Nächtigungsabgabengesetz zeigt sich, dass die Politik bereits auf das Thema Plattformökonomie aufmerksam geworden ist und Handlungsbedarf sieht. Die Abänderung durch das neue Gesetz und die Verpflichtung zur Meldung einer Unterkunft sollen in weiterer Folge die unrechtmäßigen Wettbewerbsvorteile minimieren. Dadurch, dass Unterkünfte einfacher kontrolliert werden können, kommt es außerdem zu einer gewissen Synergie, denn durch die Veröffentlichung der Registrierungen auf der gemeindeeigenen Homepage erhofft man sich mit Sicherheit auch Anzeigen durch entnervte Nachbarn. Diese Anzeigen erleichtern die Arbeit der Kontrollorgane wesentlich, da die jeweiligen Sachverhalte so leichter ermittelt werden können. Ohne Hinweise aus der Bevölkerung ist ein Auffinden der Unterkünfte für Kontrollorgane hingegen oft sehr schwierig.

Methodisches Vorgehen der Studie

Die bereits erwähnte Studie basiert auf einer Mischung aus quantitativen und qualitativen Methoden. Diese Art der Methode wurde auch bereits für die Bundehauptstadt Wien angewendet (Seidl, Plank, Kadi 2020, online).

Bei dieser Methode der Datenerhebung werden zwei Stichtage in aufeinander folgenden Jahren gewählt und alle Suchergebnisse auf Airbnb für diese

Stichtage ausgewertet. Nach der Erhebung der Anbieterstruktur werden leitfadengestützte Interviews mit Anbietern geführt (Seidl, Plank, Kadi 2020, online). In der Salzburger Auswertung konnten genügend Airbnb-Anbieter befragt werden (10%), um konkrete Aussagen über räumliche Verteilung, Angebotsstruktur, Motive der Anbieter und Auswirkungen auf den Salzburger Wohnungsmarkt zu machen (Smigiel et al. 2019, 156).

Zur digitalen Datenerhebung wurde auf das Verfahren Web Scraping zurückgegriffen, mithilfe dessen automatisierte Zugriffe auf die Plattform Airbnb hergestellt werden konnten. Diese Suchzugriffe folgen einer expliziten Strategie und suchen alle, zu einem bestimmten Stichtag verfügbaren Anzeigen. Automatisiert werden die Details der einzelnen Anzeigen dann in eine Datenbank überspielt. Im Zuge der Studie wurden die erhobenen Daten schließlich mit Daten aus anderen Quellen, zusätzlichen Testerhebungen sowie mit der räumlichen Struktur der Stadt Salzburg verglichen. In sämtlichen Vergleichsfeldern ergaben sich keine auffälligen Abweichungen, die auf eine fehlerhafte Erhebung deuteten (Smigiel et al. 2019, 157). Zur Schätzung der Auslastung und der Einnahmen wurden außerdem alle aktiven Angebote herangezogen. Laut Aussagen von Airbnb-Gründer Brian Chesky würden 72% der Airbnb Nutzer eine Bewertung für ihren Host hinterlassen, eine gerichtliche Datenerhebung aus New York ergab jedoch einen Wert von 30,5%. Für eine vorsichtige Schätzung wurde in der vorliegenden Studie von einer Bewertungsrate von 50% ausgegangen. Mithilfe dieser Bewertungsrate konnte für jede Anzeige eine Anzahl an Buchungen pro Jahr errechnet werden. Als mittlere Aufenthaltsdauer wird in der Studie von vier Tagen ausgegangen. Diese Zahl basiert auf dem kürzesten veröffentlichten Mittelwert von Airbnb in einer vergleichbaren Stadt und einer intransparenten Befragung in Österreich (Smigiel et al. 2019, 158; Seidl, Plank, Kadi 2020, online).

Um den Kritikpunkt der dauerhaft entzogenen Wohnungen am Wohnungsmarkt empirisch zu untersuchen, wurde der Wert für eine häufig vermietete Wohnung auf 60 Tagen pro Jahr anberaumt (Wachsmuth, Weisler 2018, 1164). Zusätzlich wurde die Verfügbarkeit auf Airbnb zur Bewertung herangezogen. Hier ging man von einem Wert von 120 Tagen im Jahr aus. Die Kombination aus 60 Tage im Jahr belegt und 120 Tage verfügbar definiert in dieser Studie eine dem Wohnungsmarkt dauerhaft entzogene Wohnung (Seidl, Plank, Kadi 2020, online).

Neben der quantitativen Datenerhebung wurden auch zwei qualitative Instrumente herangezogen. Zum einen wurden leitfadengestützte Interviews durchgeführt, zum anderen wurden die durch Web Scraping erhobenen Daten nach Lage und Anbietertypologie analysiert (Smigiel et al. 2019, 159-160). Die Unterkünfte und deren Dichte im Stadtgebiet wurden mithilfe einer farblichen Unterscheidung ersichtlich gemacht (violett, blau, grün und gelb). Aufgrund dieser Analyse konnte die Abbildung 14 im nächsten Kapitel erstellt werden (Smigiel et al. 2019, 159).

Bei der Erhebung nach Anbietertypologie wurden die Angebote zunächst in zwei Gruppen (A und B) unterteilt. Gruppe A steht für sämtliche Anbieter mit einer einzigen Unterkunft und Gruppe B für alle Anbieter mit mindestens zwei oder mehr Angeboten. Diese Aufteilung impliziert, dass sämtliche Anbieter der Gruppe zwei kommerziellen Nutzen aus der Kurzzeitzimmervermietung beziehen, da man wohl kaum in zwei Wohnungen in derselben Stadt seinen Hauptwohnsitz begründen kann. Im weiteren Verlauf der Studie wurde die Gruppe A in die Anbieterkategorien eins und zwei unterteilt. Die Anbieterkategorie eins, umfasst Anbieter, die private Zimmer vermieten oder Wohnungen zur Zwischennutzung anbieten. Bei dieser Kategorie kann man davon ausgehen, dass es sich lediglich um Home-Sharing handelt. Die Anbieter der Kategorie zwei bieten ein Zimmer oder eine Wohnung zum Teil temporär, zum Teil dauerhaft an. Diese Kategorie bewegt sich in einem Bereich zwischen Home-Sharing und kommerzieller Nutzung. In Gruppe B gibt es erneut eine Unterteilung, nämlich in die Anbieterkategorien drei und vier. Beide Gruppen sind der kommerziellen Nutzung von Airbnb zuzuschreiben. Der Unterschied der beiden Kategorien liegt hier in der Verwaltung der Unterkünfte. Anbieter der Kategorie drei verwalten ihre Wohnungen selbst, während Anbieter der Kategorie vier ihre Unterkünfte von spezialisierten Dienstleistern verwalten lassen. In Einzelfällen kann es sich bei Anbietern der Kategorie vier auch um Hotellerie-Betriebe handeln, die ihre Zimmer über Airbnb anbieten (Smigiel et al. 2019, 158-160).

Zur Auswahl der Interviewpartner für die leitfadengestützten Interviews wurde eine

Zufallsauswahl von 49 Angeboten gezogen, die daraufhin überprüft und um Mehrfachnennungen sowie inaktive Anzeigen bereinigt wurden. Schlussendlich blieben von den 49 Anbietern 44 bestehen. Diese wurden kontaktiert und schließlich erklärten sich 13 von ihnen dazu bereit, ein Interview zu geben. Diese 13 interviewten Anbieter stehen für 73 bis 80 Airbnb-Angebote in der Stadt Salzburg, also für mehr als 10% und diese getroffene Auswahl kann man durchaus als signifikanten Teil der Airbnb-Landschaft in der Stadt Salzburg ansehen (Smigiel et al. 2019, 160).

Ergebnisse der Studie

Der folgende Unterpunkt soll die Ergebnisse der Studie aufzeigen, ehe diese in einem nächsten Schritt mit den Ergebnissen der Studie aus Wien verglichen werden

Abbildung 14: Anzahl der Angebote nach Zählbezirken in der Stadt Salzburg

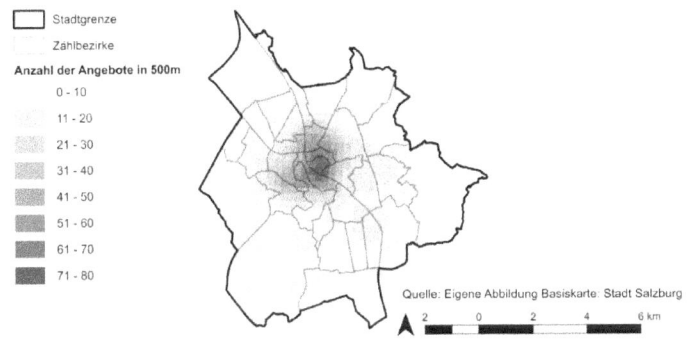

Quelle: Smigiel et al. 2019, 159

Die erste Grafik veranschaulicht, dass sich die Airbnb-Angebote innerhalb der Stadt Salzburg auf den Bereich der Altstadt konzentrieren. Vergleicht man dieses Ergebnis mit den Zählbezirken innerhalb der Stadt Salzburg, zeigt sich, dass diese Konzentration auf kleine, innerstädtische Bezirke mit vergleichsweise wenig Hauptwohnsitzen trifft. Die Siedlungsgebiete um den Altstadtkern innerhalb der Stadtgrenzen wie Gnigl, Schallmoos, Lehen und Liefering sind nicht sonderlich von den Airbnb-Angeboten belastet (Stadt Salzburg 2020, 11). Eine leichte Konzentration von Airbnb-Unterkünften abseits der Altstadt lässt sich vor allem an der Grenze zwischen Salzburg-Süd und Aigen erkennen, insbesondere in den Zählbezirken Josefiau/Alpenstraße-Ost und Aigen/Glas.

Aufgrund dieser Ergebnisse kann man erkennen, dass sich die Airbnb-Angebote innerhalb der Stadt Salzburg auf stark touristische Innenstadtteile konzentrieren, nämlich auf die Innenstadt selbst bis hinein in die Bahnhofsgegend. Auffällig dabei ist, dass sich diese Aufteilung analog zu jener von Hotels und Ferienwohnungen auf der Plattform booking.com verhält. Die hochpreisigen Angebote findet man in der Innenstadt. In der Bahnhofsumgebung gibt es zwar eine höhere Dichte von Airbnb-Angeboten, doch erzielen diese geringere Einnahmen (Smigiel et al. 2019, 161).

Die nächste Grafik zeigt die Angebotsstruktur der Airbnb-Angebote in der Stadt Salzburg aufgeteilt in drei Kategorien (Wohnung/Haus, Zimmer, geteiltes Zimmer). Die 689 aktiven Angebote in der Stadt Salzburg teilten sich zum Stichtag wie folgt: 511

Angebote (74%) sind der Kategorie Wohnungen/Haus zuzuordnen, die zweitgrößte Gruppe ist mit 163 Angeboten (24%) jene der Zimmer und als kleinste Gruppe der Statistik wird die Gruppe der geteilten Zimmer angeführt. Nur 15 Angebote (2%) sind in der Stadt Salzburg dieser Kategorie zuzuschreiben.

Abbildung 15: Überblick zu aktiven Angeboten von Airbnb nach Typen (Salzburg)

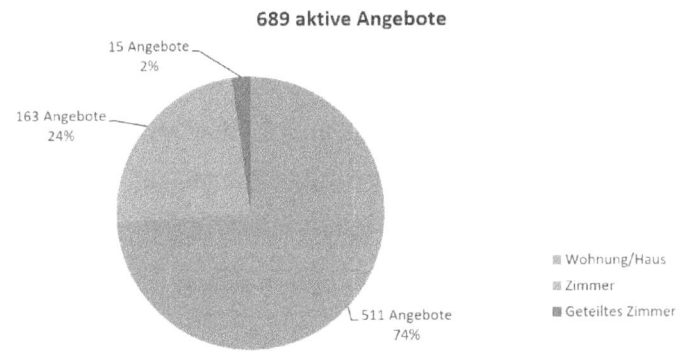

Quelle: Smigiel et al. 2019, 161

Betrachtet man im nächsten Unterpunkt, wie sich die Angebote auf die Anbieter aufteilen, zeigt sich, dass 76% der Anbieter nur ein einziges Angebot auf Airbnb inseriert haben. In etwa 19% haben zwei bis fünf Unterkünfte inseriert und lediglich fünf Prozent der Anbieter stellen mehr als fünf Unterkünfte zur Verfügung. Diese Aufteilung zeigt, dass die meisten Unterkünfte innerhalb der Stadt Salzburg auf die Vermietung des eigenen Zuhauses zurückzuführen sind (Smigiel et al. 2019, 161). Konzentriert man sich hingegen auf die Angebotsstruktur, erhält man ein anderes Bild. Die 76% der Anbieter mit jeweils nur einer inserierten Unterkunft stellen aus der Sicht der Angebote nicht mehr als 45%. Jeweils etwas mehr als ein Viertel entfallen auf die Anbieter mit zwei bis fünf Unterkünften (27%) und jenen mit mehr als fünf Unterkünften (28%). Unterscheidet man nun zwischen Hobby-Vermietung und gewerblicher Vermietung, wird ersichtlich, dass 55% der über Airbnb angebotenen Wohnungen der gewerblichen Vermietung zuzuordnen sind (Smigiel et al. 2019, 161).

Die Airbnb-Top-Verdiener innerhalb der Stadt Salzburg (mehr als fünf Unterkünfte) machen zwar nur fünf Prozent der Anbieter aus, stellen aber 28% der angebotenen Unterkünfte. Die fünf besten Anbieter besitzen jeweils zwischen 15 und 21 inserierte Unterkünfte und erzielen mit diesen Angeboten monatlich bis zu € 44.000. Bei diesen Top-Verdienern muss man davon ausgehen, dass gewerbliche Strukturen hinter den Angeboten stehen, um die angebotenen Unterkünfte kundenorientiert zu betreiben (Smigiel et al. 2019, 163).

Abbildung 16: Dauerhaft dem Wohnungsmarkt entzogene Wohnungen (Salzburg)

Quelle: Smigiel et al. 2019, 164

In der oben angeführten Abbildung lässt sich erkennen, dass sich die dem Wohnungsmarkt dauerhaft entzogenen Wohnungen, ähnlich wie die Dichte an Angebot, auf den innerstädtischen Bereich konzentrieren. Dass mittels Kurzzeitzimmervermietung mehr Einnahmen erzielt werden können als mit der langfristigen Vermietung, bestätigt die nachstehende Grafik. Diese zeigt die prozentuelle Steigerung, die mittels Kurzzeitzimmervermietung erzielt werden kann im Vergleich zur langfristigen.

Abbildung 17: Potenzielle Airbnb-Einnahmen und Mieteinnahmen im Vergleich

Quelle: Smigiel et al. 2019, 165

Eine besonders hohe Steigerung kann in den Zählbezirken Mönchsberg/Inneres Nonntal/Leopoldskron und Gaisberg verzeichnet werden. Die hohe Steigerung innerhalb des Stadtgebietes lässt sich anhand der lukrativen Lage der Wohnungen erklären (Smigiel et al. 2019, 163).

Die Ergebnisse der leitfaden-gestützten Interviews untermauern die Vermutung, dass die meisten Anbieter aufgrund der besseren finanziellen Nutzung der Wohnungen diese der Kurzzimmervermietung zuführen. Diese Aussage gilt sowohl für jene Salzburger Anbieter, die der gewerblichen Nutzung zuzuschreiben sind als auch für jene, die nur die eigene Wohnung vermieten (Smigiel et al. 2019, 164).

Vergleich mit Wien

Vergleicht man das Salzburger Ergebnis mit jenem einer identen Studie aus Wien, lässt sich erkennen, dass sich die Angebotsdichte in Wien wie auch in Salzburg auf die zentralen Bezirke konzentriert.

Abbildung 18: Anzahl der Angebote nach Bezirken in Wien

Quelle: Seidl, Plank, Kadi 2020, online

Gleich verhält es sich auch mit den Wohnungen, die dauerhaft dem Wohnungsmarkt entzogen werden. Hier kann man in Salzburg wie auch in Wien beobachten, dass es sich um die Gebiete mit zentraler Innenstadtlage handelt (Smigiel et al. 2019, 164; Seidl, Plank, Kadi 2020, online).

Ein Unterschied zwischen den beiden Städten lässt sich lediglich im Bereich der Anbieterstruktur erkennen. In Wien stellt die Gruppe der Hobbyvermieter mit nur einem Airbnb-Angebot mit 58,2% klar die Mehrheit (Seidl, Plank, Kadi 2020, online). In Salzburg ist diese Art der Anbieter zwar auch prozentuell die größte Gruppe, kommt aber lediglich auf 45% (Smigiel, et al. 2019, 162). Was beide Städte eint, ist die Tatsache, dass sowohl in Salzburg als auch in Wien die Gruppe der Anbieter mit einer Hobbyvermietung (eine einzige Unterkunft) die Mehrzahl stellen. Die meisten Einkünfte und Gewinne verzeichnet jedoch eine kleine Gruppe von Anbietern, nämlich jene mit mehreren Unterkünften (Seidl, Plank, Kadi 2020, online; Smigiel et al. 2019, 162).

Auswirkungen auf die Stadt Salzburg

Die Auswirkungen auf den urbanen Lebensraum sind weitreichend. An der absoluten Zahl gemessen sind die Wohnungen und Häuser, die dem Salzburger Vermietungsmarkt auf Dauer entzogen werden, kaum nennenswert. Allerdings muss man an dieser Stelle erwähnen, dass durch den konzentrierten Entzug in gewissen Zählbezirken verhältnismäßig viel Wohnraum entzogen wird.

Besonders die innerstädtischen Gebiete sind davon stark betroffen (Smigiel et al. 2019, 163). Im Vergleich zu Wien werden in Salzburg 12% (eigene Berechnung) mehr der Angebote auf Airbnb tatsächlich dem Wohnungsmarkt entzogen (Smigiel et al. 2017, 163; Seidl, Plank, Kadi 2020, online). Vergleicht man nun die stark betroffenen Bezirke in Wien mit den betroffenen Zählbezirken in Salzburg, kann man auf lokaler Ebene in Salzburg einen deutlich höheren Entzug feststellen (Smigiel et al. 2019, 163). Dort erreicht man ähnliche Werte wie in New York (Wachsmuth, Weisler 2018, 1163; Smigiel et al. 2019, 163).

Motiviert wird dieser Wohnungsentzug dadurch, dass man mittels Kurzzeitvermietung mehr Einnahmen erzielen kann als durch die Langzeitvermietung. Teilweise kann man innerhalb der Stadt Salzburg eine Steigerung der Einnahmen von bis zu 300% verzeichnen (vergleiche Abbildung 17).

Für die Stadt Salzburg kann dieser Entzug von Wohnungen schwere wirtschaftliche Folgen haben, denn aufgrund dieser künstlichen Verknappung entsteht ein Ungleichgewicht am Mietmarkt und die Nachfrage übersteigt das Angebot. Dies führt dazu, dass die Mietpreise innerhalb der Stadt Salzburg ansteigen. So sehen sich immer mehr neue Mieter gezwungen, nach Alternativen in Randbezirken oder außerhalb der Stadt Salzburg zu suchen, um dem Kostenproblem auszuweichen. Daraufhin verschiebt sich auch der Lebensmittelpunkt von der Stadt Salzburg in Richtung neuen Wohnort und immer mehr Menschen nehmen ihre Einkaufstätigkeiten im neuen Umfeld außerhalb der Stadt wahr.

Des Weiteren wird durch die Ertragslücke ein Aussterben der Altstadt gefördert. Wohnungen für Salzburger werden Touristen überlassen, was abermals zu einer Steigerung der touristischen Verwertung der Stadt Salzburg führt. Branchen und Anbieter, die nicht von dem Touristenzustrom profitieren, erfahren so einen nicht unwesentlichen Nachteil, da Salzburger die mit Touristen überfüllte Altstadt meiden werden. Ein traditionelles Möbelhaus wird so auf Dauer in der Salzburger Altstadt kaum bestehen können. Touristen zählen nur begrenzt zur Zielgruppe und Bewohner fehlen. Ein logischer Schritt wäre, gewisse Segmente aufzugeben und sich den Bedürfnissen der neuen stärksten Kundenschicht anzupassen. Auf Dauer würden diese Veränderungen jedoch mit Sicherheit das Stadtbild der Altstadt nachhaltig prägen.

CONCLUSIO

Wie zu Beginn des Buches erwähnt, liegt die Besonderheit von Plattformen darin, dass die Plattformanbieter nur die Homepage (den Marktplatz) zur Verfügung stellen und die Transaktionen zwischen eigenständigen dritten Anbietern und Kunden stattfinden. Dadurch müssen sich Plattformen nicht auf das Angebot konzentrieren, sondern können den Fokus auf ihre Rolle als Vermittler legen (Parker, Van Alstyne, Choudary 2017, 1-15). Besonders in den frühen 2000er Jahren entstanden viele Plattformen, welche digitale Marktplätze und Handelsbeziehungen schufen, die vor deren Gründung nicht möglich waren (Evans, Schmalensee 2016, 1-4). Ein Grund für die rasche Verbreitung von Plattformlösungen war mit Sicherheit der digitale und technische Fortschritt. Es wurden neue, leistungsstärkere Transistoren verbaut und so erweiterten sich die Nutzungsmöglichkeiten und die Zugriffe auf Plattformen stiegen. Parallel wurden in den vergangenen Jahren auch mehr Smartphones und Tablets verkauft und der Kreis an Personen mit Zugriff auf Plattformen erweiterte sich (Evans,

Schmalensee 2016, 41). Diese mobilen Zugangspunkte für Plattformen brachten wiederum neue Anwendungsmöglichkeiten für diese. So entstanden in den Jahren 2008 und 2009 zwei der mittlerweile am stärksten wachsenden Unternehmen der vergangenen Jahre: Airbnb (Reillier, Reillier 2017, 1-3; Daum 2019, 143) und Uber (Stone 2017, 39-49).

Mit Airbnb entstand ein globaler Konkurrent für sämtliche Beherbergungsbetriebe. Binnen weniger Jahre wuchs die Plattform zu einem Hotelgiganten heran und überholte sämtliche bestehende Hotelketten (Reillier, Reillier 2017, 1-3). Ermöglicht wurde dieses Wachstum durch die Plattformstruktur (siehe Abbildung 2) und das Angebot Dritter. Ein raffiniertes Bewertungssystem (siehe Abbildung 9) sorgt auf der Website für das nötige Vertrauen zwischen Unterkunftsanbieter und Kunden (Reillier, Reillier 2017, 52). Neben Airbnb gilt Uber als zweites großes Plattformunternehmen. Beide Unternehmen eint der starke Bezug zur Sharing Economy. Uber vermittelt digital Fahrdienstleistungen zwischen Anbietern und Kunden. Im Vergleich zu Airbnb sah sich der Fahrdienstanbieter jedoch mit stärkerer Kritik und vermehrten Rechtsstreitigkeiten konfrontiert. In einigen Großstädten kam es zu Verboten oder starken Reglementierungen von Uber (Stone 2017, 300). Bearbeitet man das Thema Plattformökonomie, führt auch kein Weg an einem der wesentlichen Investoren von Uber vorbei. Google investierte in das Silicon Valley Start Up (Reillier, Reillier 2017, 67), worin sich auch die Taktik des Internetgiganten wiederspiegelt. Begann das Unternehmen im Jahr 1998 noch als reine Internetsuchmaschine, so ist Google mittlerweile als Ecosystem zu verstehen (Reillier, Reillier 2017, 66-69). Mit dem open-source Betriebssystem (Android) ebnete sich Google den Weg für weitere eigene Softwareanwendungen und konnte mehr und mehr Nutzer generieren (McAfee, Brynjolfsson 2017, 166). In den letzten Jahren wandelte sich Google immer mehr zum Komplettanbieter für digitale Lösungen (Reillier, Reillier 2017, 67).

Es lässt sich beobachten, dass die Nachfrage und die Nutzung von digitalen Plattformen in den vergangenen Jahren stark zugenommen hat (Uber 2019, 57; Statista 2019, online). Dieser Anstieg basiert auf verschiedenen Netzwerkeffekten. Für Plattformen gilt, dass mit einer steigenden Anzahl an Nutzern auch die Beziehungen (Reillier, Reillier 2017, 34) und der potenzielle Nutzenaustausch steigen. Dieses Phänomen ist als zweiseitiger Netzwerkeffekt bekannt und besagt, dass durch jeden neuen Nutzer der Nutzen für den neuen Teilnehmer und alle bereits bestehenden Teilnehmer steigt (Pindyck, Rubinfeld 2015, 195-199). Ein weiterer Aspekt, der in Zusammenhang mit der Plattformökonomie Auffälligkeiten aufweist, ist der der Grenzkosten. Grenzkosten beschreiben die Kosten, die bei der Produktion eines weiteren Stücks anfallen. Innerhalb der Plattformökonomie ist hier auffällig, dass die Grenzkosten nahe null liegen und kaum zusätzliche Kosten anfallen (Daum 2019, 47-48).

Betrachtet man das Umfeld der Plattformanbieter, erkennt man, dass diese im Zentrum der Plattformökonomie stehen. Sie stellen über das Interface der Anwendung Dritten ihren Marktplatz zur Verfügung (Drewel et al. 2019, 5). Mithilfe des digitalen Marktplatzes können Plattformteilnehmer die Plattform unterschiedlich nutzen. Sie können traditionell als Konsument oder Anbieter auftreten, aber auch als Mischform. Diese Nutzer nennt man Prosumer - sie verwenden die Plattform sowohl zum Einkauf als auch zum Verkauf von Waren oder Dienstleistungen (Daum 2019, 50).

Durch die Plattformökonomie kam es zu erheblichen Veränderungen im Konsumentenverhalten. Die Abbildungen (11 bis 13) zeigen die unterschiedlichen Customer Journeys im Laufe der Zeit. Hier lässt sich erkennen, dass durch die Plattformökonomie die Anknüpfungspunkte zwischen Unternehmen und Kunden komplexer wurden. War man vor digitalen Anwendungen wie Plattformen oder Onlineshops rein auf den stationären Handel angewiesen, so ist mittlerweile auch der Onlineauftritt und die Onlinepräsenz von großer Bedeutung. Zusätzlich erhalten Kunden durch neue Plattformlösungen nach dem Kauf oftmals die Möglichkeit, weitere plattformbasierte Anwendungen des Produktes in Anspruch zu nehmen. In den vergangenen Jahren haben sich eine Vielzahl an Mischformen in der Customer Journey entwickelt. Das richtige Anwenden dieser möglichen Anknüpfungspunkte lässt sich unter dem Begriff Omnichannel Marketing zusammenfassen (Zimmermann, Westermann 2020, 7-9). Betrachtet man den Aufbau einer Plattform (Abbildung 2) und vergleicht diesen mit einem traditionellen Unternehmen (Abbildung 8), erkennt man, dass der Aufbau einer Plattform rein auf Vermittlung ausgelegt ist. Die Plattform dient als digitaler

Marktplatz für Transaktionen und übergibt die Aufgaben des Vertriebes und der Produktentwicklung an Dritte, die ihre Produkte auf der Plattform anbieten. Dadurch können sich Plattformbetreiber im Vergleich zu traditionellen Pipeline-Unternehmen gezielter auf die Vermittlung von Angebot und Nachfrage konzentrieren. Darüber hinaus werden möglichst viele Schritte vom Plattformbetreiber ausgelagert und an Anbieter übertragen, denn aufgrund dieser Auslagerung können Plattformen ihre Effizienz steigern. Dies führt dazu, dass traditionelle Wertschöpfungsketten bei Drittanbietern bestehen bleiben. Die Plattformen hingegen spezialisieren sich auf die Vermittlung von Angebot und Nachfrage.

Die Plattformökonomie führt auch zu Veränderungen in urbanen Gebieten. Anhand der im zweiten Teil beschriebenen Studie lässt sich sagen, dass Airbnb einen signifikanten Einfluss auf den Salzburger Wohnungsmarkt hat. In Abbildung 16 erkennt man die dauerhaft dem Wohnungsmarkt entzogenen Wohnungen. Auch, wenn der dauerhafte Entzug gemessen in absoluten Zahlen auf das gesamte Stadtgebiet eher als gering zu betrachten ist, gibt es lokale Ausnahmen. Es lässt sich eine Konzentration auf die innerstädtischen Zählbezirke erkennen und der markante Entzug von Wohnungen in ebendiesen Bezirken führt dort zu einer merkbaren Verknappung (bis zu 4%) an Wohnraum. Meist ist der Auslöser für die Kurzzeitzimmervermietung der bessere Ertrag des Wohnraumes im Vergleich zu langfristiger Vermietung (Smigiel et al. 2019, 164). Diese künstliche Verknappung kann schließlich dazu führen, dass in ausgewählten Zählbezirken die Preise für Wohnraum stärker steigen als im restlichen Stadtgebiet. Dies führt dazu, dass Einheimische in Randbezirke ausweichen und die Stadt den Touristen überlassen. In Form einer Zukunftsprognose lässt sich so behaupten, dass sich traditionelle Betriebe wohl in weiterer Folge der neuen Hauptklientel anpassen und das Sortiment umstellen würden. Geschäfte würden sich zusehends ähneln und der Charme der Salzburger Altstadt würde sinken. Es besteht also die Gefahr, dass Salzburg durch eine steigende Anzahl an Kurzzeitzimmervermietungen genau jene Eigenschaften verliert, die Touristen nach Salzburg locken.

Nach aktuellem Forschungsstand lässt sich die Hypothese, dass Airbnb einen weiteren

Nächtigungssektor erschließt und nicht in Konkurrenz zu bestehenden Beherbergungsbetrieben steht, eher bestätigen als widerlegen. Betrachtet man die Anzahl an Beherbergungsbetrieben in der Stadt Salzburg, so bleibt diese seit dem Jahr 2008 konstant bei etwa 120 Hotels und ähnlichen Betrieben. Bei der Bettenanzahl hingegen lässt sich ein steigender Trend erkennen: Die Anzahl an Betten erhöhte sich von 2008 bis 2018 um insgesamt 2650 Betten (eigene Berechnung) (Stadt Salzburg 2019, 77-78). Daher ist davon auszugehen, dass Hotelbetreiber den Markt als noch nicht gesättigt ansehen. Darüber hinaus lässt sich anmerken, dass Airbnb-Nutzer andere Erwartungen als Hotelgäste an die Unterkunft stellen. Mieter von Airbnb-Wohnungen sind meist Touristen, die billig und in einer ausgefallenen Lage wohnen möchten. Diese Gruppe verzichtet aufgrund des billigeren Preises bewusst auf Zusatzleistungen, die in einem Hotel zum Standard gehören wie beispielsweise ein Fitnessstudio, Frühstückservice, eine Hotelbar und eine individuelle Beratung über touristische Sehenswürdigkeiten (McAfee, Brynjolfsson 2017, 222-223). Um die Hypothese eindeutig bestätigen zu können, wäre allerdings weitere Forschung auf diesem Gebiet notwendig.

Dennoch muss diese Art der Vermietung zukünftig weiter beobachtet werden. Sollte sich der Trend zur kurzzeitigen Wohnraumvermietung fortsetzen, führt dies nicht nur zu einer weiteren künstlichen Verknappung an Wohnraum, sondern kann auch Beherbergungsbetriebe nachhaltig schädigen. Vor allem kleine Beherbergungsbetriebe würden vermutlich unter einer Steigerung des Angebots von Airbnb leiden. Sollte sich die Kurzzeitzimmervermietung in den kommenden Jahren noch stärker durchsetzen, muss die Politik vor allem in urbanen Gebieten reagieren. Meist halten nur klare Regulierungen Plattformanbieter aus Städten fern (Evans, Schmalensee 2017, 39). Die österreichische Bundesregierung hat in ihrem aktuellen Regierungsprogramm „Aus Verantwortung für Österreich" bereits das Problem von digitalen Plattformen erkannt und mögliche Lösungsansätze definiert. Im Unterpunkt „Mehr Gerechtigkeit für den heimischen Tourismus" findet man die Registrierungspflicht von Privatunterkünften, die im Bundesland Salzburg bereits umgesetzt wurde. Zusätzlich soll geprüft werden, ob eine Begrenzung der Nutzung von privatem Wohnraum für touristische Zwecke auf maximal 90 Tage eines Jahres sinnvoll ist (Bundeskanzleramt 2020, 118). Aus aktueller Sicht wäre diese Regulierung für die Stadt Salzburg nicht empfehlenswert, da sie mögliche, zusätzliche Touristen fernhalten würde. Sollte die Anzahl an Airbnb-Angeboten innerhalb der Stadt Salzburg jedoch stark ansteigen und zunehmend längerfristig Wohnraum entzogen werden, wäre diese Lösung für Salzburg sicherlich eine Möglichkeit, um die Kurzzeitzimmervermietung zu regulieren.

Zukünftig wird die Plattformökonomie eine zunehmend wichtigere Rolle im alltäglichen Leben spielen. Immer mehr Unternehmen steigen von konventionellen Unternehmensstrukturen auf eine Plattform oder plattformähnliche Struktur um. Mithilfe dieser Umstellung können Unternehmen ihre Effizienz steigern und im internationalen Wettbewerb langfristig bestehen. Für den Wirtschaftsstandort Österreich und Regionen wie die Stadt Salzburg wird es zukünftig wichtig sein, dass man neue Plattformtrends beobachtet und gegebenenfalls mit Regularien versieht. Verschiedene Beispiele zeigen, dass nur gesetzliche Regelungen und deren Exekution langfristig sicherstellen, dass herkömmliche Unternehmen und Branchen im Wettbewerb mit Plattformen bestehen.

LITERATURVERZEICHNIS

Bundeskanzleramt (2020): Aus Verantwortung für Österreich. Regierungsprogramm 2020–2024. Wien: Bundeskanzleramt

Daum, T. (2019): Das Kapital sind wir. Zur Kritik der digitalen Ökonomie. 3. Auflage. Hamburg: Edition Nautilus GmbH

Drewel, M., Gasumemeier, J., Vaßholz, M., Homburg, N. (2019): Einstieg in die Plattformökonomie. Berlin: 15. Symposium für Vorausschau und Technologieplanung

Evans, D. S., Schmalensee, R. (2016): Matchmakers. The new economics of multisided platforms. 1. Auflage. Boston: Harvard Business School Publishing

Goodwin, T. (2018): Digital Darwinism. Survival of the fittest in the age of business disruption. 1. Auflage. London: Kogan Page Limited

Kopp, J., Gerike, R., Axhausen, K. W. (2015): Do sharing people behave differently? An empirical evaluation of the distinctive mobility patterns of free-floating car-sharing members. In: Transportation, Jg. 42, Nr. 3, 449–469

Landgericht Frankfurt (2019): Pressebericht - Landgericht Frankfurt am Main untersagt Fahrdienstvermittlung für Mietwagen durch Uber-App. Frankfurt am Main: Landgericht Frankfurt

McAfee, A., Brynjolfsson, E. (2017): Machine, platform crowd. Harnessing our digital revolution. 1. Auflage. New York: W. W. Norton & Company, Inc.

Parker, G., van Alstyne, M., Choudary, S. P. (2017): Platform revolution. How networked markets are transforming the economy – and how to make them work for you. 1. Auflage. New York: W. W. Norton & Company, Inc.

Pindyck, R. S., Rubinfeld, D. L. (2015): Mikroökonomie. 8. Auflage. Hallbergmoos: Pearson Deutschland GmbH

Puschmann, T., Alt, R. (2016): Sharing Economy. In: Business & Information Systems En gineering, Jg 58, Nr. 1, 93-99

Reillier, L. C., Reillier, B. (2017): Platform strategy. How to unlock the power of communities and networks to grow your business. 1. Auflage. New York: Routledge

Smigiel, C., Hof, A., Kautzschmann, K., Seidl, R. (2019): No sharing! Ein Mixed-Methods-Ansatz zur Analyse von Kurzzeitvermietungen und ihren sozialräumlichen Auswirkungen am Beispiel der Stadt Salzburg.

In: Raumforschung und Raumordnung Spatial Research and Planning, Jg. 78, Nr. 2, 153-170

Stadt Salzburg (2020): statistisches Jahrbuch 2019. Salzburg in Zahlen. Salzburg: Stadt Salzburg

Stone, B. (2017): The upstarts. Uber, Airbnb, and the battle for the New Silicon Valley. 1. Auflage. New York: Little, Brown and Company

Uber (2019): Financial an Operation Highlights. In: Uber (Hg.): Uber Annual Report 2018. San Francisco: Uber

Wachsmuth, D., Weisler, A. (2018): Airbnb and the rent gap. Gentrification through the sharing economy. In: Environment and PlanningA, Jg. 50, Nr. 6, 1147-1170

Winter, J. (2017): Europa und die Plattformökonomie – Wie datengetriebene Geschäftsmodelle Wertschöpfungsketten verändern. In: Bruhn, M., Hadwich, K. (Hg.): Digitales Marketing – Erfolgsmodelle aus der Praxis. Wiesbaden: Springer Fachmedien Wiesbaden GmbH

Zimmermann, R., Westermann, A. (2020): Omnichannel-Retailing – Kundenorientierte Verknüpfung der Online- und Offline- Kanäle. In: Terstiege, M. (Hg.): Digitales Marketing – Erfolgsmodelle aus der Praxis. Wiesbaden: Springer Fachmedien Wiesbaden, 3-16

Internetquellen

Airbnb (2020): Bewertung Old town Salzburg. In: https://www.airbnb.at/rooms/9212240?check_in=2020-09-16&check_out=2020-09-17&source_impression_id=p3_1600259982_tr5PWu7QTAfcbCuA. Zugriff am 16.09.2020

Amazon (2020): Amazon.com Announces Fourth Quarter Sales up 21% to $87.4 Billion. In: https://press.aboutamazon.com/news-releases/news-release-details/amazoncom-announces-fourth-quarter-sales-21-874-billion/. Zugriff am: 13.10.2020

ECC Köln (2018): Influencer Marketing, Sprachsteuerung und Virtual Reality gewinnen im Vergleich zu 2018 an Bedeutung. In: https://www.ifhkoeln.de/relevanz-von-echtzeitkommunikation-und-influencer-marketing-fuer-kleine-und-mittlere-onlinehaendler-nimmt-zu/. Zugriff am 13.10.2020

Seidl, R., Plank, L., Kadi, J. (2020): Airbnb in Wien. In: http://wherebnb.in/wien/#housing. Zugriff am 13.10.2020

Statista (2019): Ranking der Top-50 Unternehmen weltweit nach ihrem Markenwert im Jahr 2019 (in Milliarden USD). In: https://de-statista-com.ezproxy.fh-salzburg.ac.at/statistik/daten/studie/162524/umfrage/markenwert-der-wertvollsten-unternehmen-weltweit/. Zugriff am: 25.05.2019

Statista (2020): Anzahl der Inserate für angebotene Übernachtungsmöglichkeiten von Airbnb weltweit von 2011 bis 2020 In: https://de-statista-com.ezproxy.fh-salzburg.ac.at/statistik/daten/studie/482970/umfrage/anzahl-der-inserate-von-airbnb-weltweit/. Zugriff am 24.09.2020

Statista (2020): Prognose zum Umsatz im Segment Privat- & Ferienwohnungsvermietung weltweit für die Jahre 2017 bis 2023 (in Milliarden Euro). In: https://de.statista.com/prognosen/889772/umsatz-im-segment-privat-und-ferienwohnungsvermietung-weltweit/. Zugriff am 13.10.2020

YouGov (2020): Sharing Economy: Teilen statt besitzen. In: https://yougov.de/news/2019/10/14/kaufst-du-noch-oder-teilst-du-schon-zukunfts-trend/. Zugriff am 28.05.2020

ABBILDUNGSVERZEICHNIS

Abbildung 1: 10 größten Unternehmen
Abbildung 2: Aufbau einer Plattform
Abbildung 3: Direkte im Vergleich zu indirekten Plattformen
Abbildung 4: Akteure im Umfeld der Plattform
Abbildung 5: Befragung Trends im Onlinehandel
Abbildung 6: Monatliche Nutzer Uber bis 2018
Abbildung 7: Inserate Airbnb 2011 bis Oktober 2019
Abbildung 8: Pipeline-Unternehmen
Abbildung 9: Bewertungssystem Airbnb
Abbildung 10: Digitale Transformation von linear zu nicht linear
Abbildung 11: Customer Journey vor Onlinehandel
Abbildung 12: Customer Journey mit einem Onlineshop
Abbildung 13: Customer Journey mit Plattformökonomie und Onlineshop
Abbildung 14: Anzahl der Angebote nach Zählbezirken in der Stadt Salzburg
Abbildung 15: Überblick zu aktiven Angeboten von Airbnb nach Typen (Salzburg)
Abbildung 16: Dauerhaft dem Wohnungsmarkt entzogene Wohnungen (Salzburg)
Abbildung 17: Potenzielle Airbnb-Einnahmen und Mieteinnahmen im Vergleich
Abbildung 18: Anzahl der Angebote nach Bezirken in Wien

TABELLENVERZEICHNIS

Tabelle 1: Branchen und deren Plattformen
Tabelle 2: Stunden im Vergleich zu Nutzern

ABKÜRZUNGSVERZEICHNIS

App ....Applikation

EA.......................Electronic Arts

EoS ....Economies of scale

IBM ....International Business Machines Corporation

USD ....United States Dollar

SMS ....Short Message Service

SXSW ....South by Southwest Festival

VIP ....Very important person

www.ingramcontent.com/pod-product-compliance
Lightning Source LLC
Chambersburg PA
CBHW071412210526
45465CB00001B/345